法的根拠でナットク!

帳票別

ケアプランの書き方 Q&A

著 後藤佳苗

中央法規

はじめに

　高齢者の人生に寄り添い支援するためには、ケアチームの目標や役割を具体的に記した書類（ケアプラン）が必要です。

　しかし、ケアプラン標準様式のどこに何を書くのか？　その根拠はどこにあるのか？　などについては、経験を積むほどに確認しにくくなるのではないでしょうか？　今さら聴くに聴けない、誰に相談したらよいかわからないと感じているケアマネジャーも複数いる印象を受けています。

　本書では、『保険者や地域包括支援センターに言われた』『偉い先生から聞いた』『昔からこうしている』といった伝聞や経験ではなく、法令通知等に則った根拠のある具体的なケアプラン記載のポイントを確認します。

　実は、ケアプランの記載を Q & A 形式で、端的にわかりやすく解説した書籍は、ありそうでなかったものです。私自身、いつかつくってみたいと考えていましたが、作業の手間がかかること、法令通知等の根拠の確認が複雑なことなど、書籍として形づくることの困難さに手をつけられず悶々としていました。

　今回、このような形の書籍をつくることができたのは、中央法規出版第一編集部の牛山絵梨香氏と小宮章課長に、企画段階から相談に乗っていただけたおかげです。お二人に相談をすることで、漠然としたイメージを 1 冊の本として結実させることができました。

　日ごろの疑問や不安を解消させる本書が、多忙を極める皆様方の業務の効率化につながり、直接的な高齢者支援に充てる時間が増やせるなどのお役に立てることを祈願して、緒言とさせていただきます。

令和 2 年 10 月

一般社団法人あたご研究所

代表理事　後藤佳苗

Contents

はじめに

本書の使い方

本書で使用する法令等の"略称"と「正式名称」

第1章　ケアプラン全般

第2章　第1表　居宅サービス計画書（1）

第3章　第2表　居宅サービス計画書（2）

第4章 第3表 週間サービス計画表

Column

引用文献・参考文献

著者紹介

本書の使い方

現場で出会う頻度です。業務における重要度ともいえる部分です。★が2点、☆が1点で、10点満点です

頻度：★★☆

標準様式のどの部分の質問なのかがわかるよう記載します

Q2
標準様式の該当部分
「居宅サービス計画作成（変更）日」

具体的な質問の内容になります

新規のケアプランの「居宅サービス計画作成（変更）日」の日付は？

■ 回答

質問に対する大まかな回答を示しています

ケアプランを作成した日を記載する。

■ 根拠法令等

主な根拠となる法令、通知等を明示しています

標準様式通知別紙3のIVの1⑥

■ 解説

解説を付します

新規のケアプランを作成する際は、「居宅サービス計画作成（変更）日」には、当該**ケアプランを作成した日**を記載します。

このため、新規のケアプランの場合で、ケアプラン原案がそのままケアプランになった場合には、**ケアプラン原案の作成日**もしくは**ケアプランの文書同意を受けた日**のいずれかを記載します。

一方、ケアプラン原案が変更されてケアプランになった場合には、**サービス担当者会議の開催日**や、**ケアプランの文書同意を受けた日**のいずれかを記載することになるでしょう。

ただし、どの日を基本（基準）とするかについては、事業所内で統一するとともに、保険者等の指示やルールがある場合（例：ケアプランの同意日と合わせること）などには、それに従いましょう。

■ 関連 Q&A

本書内に関連する問があるのかないのか、ある場合には、どの問なのかがわかるようにしています

第1表：Q1、Q3、Q4、Q33

本書で使用する法令等の"略称"と「正式名称」

●**"法"**:「介護保険法（平成9年法律第123号）」

◎**"施行規則"**:「介護保険法施行規則（平成11年厚生省令第36号）」

◎**"運営基準"**:「指定居宅介護支援等の事業の人員及び運営に関する基準（平成11年厚生省令第38号）」

◎**"サービスの運営基準"**:「指定居宅サービス等の事業の人員、設備及び運営に関する基準（平成11年厚生省令第37号）」

◎**"施設の運営基準"**:「指定介護老人福祉施設の人員、設備及び運営に関する基準（平成11年厚生省令第39号）」

○**"算定基準"**:「指定居宅介護支援に要する費用の額の算定に関する基準（平成12年厚生省告示第20号）」

○**"大臣基準告示"**:「厚生労働大臣が定める基準（平成27年厚生労働省告示第95号）」

※**"解釈通知"**:「指定居宅介護支援等の事業の人員及び運営に関する基準について（平成11年老企第22号）」

※**"サービスの解釈通知"**:「指定居宅サービス等及び指定介護予防サービス等に関する基準について（平成11年老企第25号）」

※**"施設の解釈通知"**:「指定介護老人福祉施設の人員、設備及び運営に関する基準について（平成12年老企第43号）」

※**"算定基準の解釈通知"**:「指定居宅サービスに要する費用の額の算定に関する基準（訪問通所サービス、居宅療養管理指導及び福祉用具貸与に係る部分）及び指定居宅介護支援に要する費用の額の算定に関する基準の制定に伴う実施上の留意事項について（平成12年老企第36号）」

※**"標準様式通知"**:「介護サービス計画書の様式及び課題分析標準項目の提示について（平成11年老企第29号）」

※**"予防の標準様式通知"**:「介護予防支援業務に係る関連様式例の提示について（平成 18 年老振発第 0331009 号）」

※**"老計 10 号"**:「訪問介護におけるサービス行為ごとの区分等について（平成 12 年老計第 10 号）」

※**"見直し通知"**:「『介護保険制度に係る書類・事務手続の見直し』に関するご意見への対応について（平成 22 年老介発 0730 第 1 号・老高発 0730 第 1 号・老振発 0730 第 1 号・老老発 0730 第 1 号）」

※**"保険外サービス通知"**:「介護保険サービスと保険外サービスを組み合わせて提供する場合の取扱いについて（平成 30 年老推発 0928 第 1 号・老高発 0928 第 1 号・老振発 0928 第 1 号・老老発 0928 第 1 号）」

・**"マニュアル"**:「ケアプラン点検支援マニュアル（平成 20 年事務連絡）」

・**"給付管理分冊"**: WAMNET「給付管理業務について（平成 11 年 12 月 8 日）」（最終閲覧日：令和 2 年 10 月 1 日）

https://www.wam.go.jp/wamappl/bb05Kaig.nsf/vAdmPBigcategory20/44C24840E870AFBF4925689A003B875E?OpenDocument

・**"給付管理分冊"**: WAMNET「『給付管理業務』の一部変更及び追加について（平成 11 年 12 月 27 日）」（最終閲覧日：令和 2 年 10 月 1 日）

https://www.wam.go.jp/wamappl/bb05Kaig.nsf/vAdmPBigcategory20/F29396BAED82AB3F4925689A003B8760?OpenDocument

●法、◎省令、○告示、※通知、・事務連絡等

第 1 章

ケアプラン全般

　本章では、ケアプラン及びケアプラン作成に関連する全般的な内容（それぞれの帳票では説明しにくい部分）について、確認します。

　居宅サービス計画と居宅サービス計画書の違いは何か？　居宅サービス計画と施設サービス計画が違う様式なのはなぜか？など、知っているようで知らない、基本的な事項と取扱いのルールを法令根拠とともに振り返ります。

ケアプラン全般（11）

Q1 「居宅サービス計画」と「居宅サービス計画書」の違いは？

Q2 「施設サービス計画」と「施設サービス計画書」の違いは？

Q3 「居宅サービス計画」と「施設サービス計画」は、それぞれ標準様式のどの帳票を示すのか？

Q4 保険給付において居宅サービス計画、介護予防サービス計画（以下、「ケアプラン等」）を作成することにより受けられる最大の利益（メリット）は何か？

Q5 ケアプラン（居宅サービス計画）作成の責任者は誰か？

Q6 ケアプラン原案の根拠は何か？

Q7 ケアプラン作成の留意点は何か？

Q8 介護保険以外のサービスをケアプランに位置づけなければならないのか？

Q9 アセスメントの適切な実施方法は？

Q10 アセスメントを実施する際の留意点は？

Q11 アセスメントシートの上書きは認められているのか？

頻度：★★★☆

Q1　ケアプラン全般

「居宅サービス計画」と「居宅サービス計画書」の違いは？

■ 回答

「居宅サービス計画」とは、居宅要介護者の心身の状況、そのおかれている環境、希望等を勘案し、利用する指定居宅サービス等の種類及び内容等厚生労働省令で定める事項を定めた計画をいい、「居宅サービス計画書」とは、「居宅サービス計画」の作成に用いる様式をいう。

■ 根拠法令等

法第 8 条第 24 項、施行規則第 18 条、標準様式通知別紙 3 の II の 1

■ 解説

日常業務においては、あまり意識をすることはありませんが、「居宅サービス計画」と「居宅サービス計画書」は、それぞれ別のものを指している言葉です。
「居宅サービス計画」は、居宅介護支援で取り扱うケアプランを指し、「居宅サービス計画書」とは、居宅のケアプランを作成する様式を指す言葉です。

■ 関連 Q&A

全般：Q2 〜 Q4、Q8、第 1 表：Q29、Q30、第 4 表：Q6、
第 5 表：Q5

3

Q2 ケアプラン全般

「施設サービス計画」と「施設サービス計画書」の違いは？

■ 回答

「施設サービス計画」とは、介護老人福祉施設、介護老人保健施設または介護医療院に入所している要介護者について、これらの施設が提供するサービスの内容、これを担当する者その他厚生労働省令で定める事項を定めた計画をいい、「施設サービス計画書」とは、「施設サービス計画」の作成に用いる様式をいう。

■ 根拠法令等

法第 8 条第 26 項、施行規則第 19 条、標準様式通知別紙 3 の Ⅱ の 2

■ 解説

「居宅サービス計画」と「居宅サービス計画書」が異なる定義であることと同様に、「施設サービス計画」とは、施設の介護支援で取り扱うケアプランを指し、「施設サービス計画書」とは、施設のケアプランを作成する様式を指す言葉です。

■ 関連 Q&A

全般：Q1、Q3

M E M O

「介護サービス計画書」とは、「居宅サービス計画」と「施設サービス計画」の両者の作成に用いる様式の総称です（標準様式通知別紙 3 の Ⅱ の 3）。

頻度：★★★★☆

Q3 ケアプラン全般

「居宅サービス計画」と「施設サービス計画」は、それぞれ標準様式のどの帳票を示すのか？

■ 回答

「居宅サービス計画」とは、標準様式の第1表～第3表、第6表、第7表を指す。
「施設サービス計画」とは、標準様式の第1表、第2表を指す。

■ 根拠法令等

（居宅サービス計画）法第8条第24項、施行規則第18条、運営基準第13条第10号、解釈通知第二の3（7）⑩

（施設サービス計画）法第8条第26項、施行規則第19条、施設の運営基準第12条第7項、施設の解釈通知第四の10（7）

■ 解説

1）居宅サービス計画について

居宅サービス計画には、法第8条第24項及び施行規則第18条に示されている定める事項を定める必要があります。

表1-1 居宅サービス計画に定める事項

①利用する指定居宅サービス等の種類及び内容、これを担当する者、②当該居宅要介護者及びその家族の生活に対する意向、③当該居宅要介護者の総合的な援助の方針、④健康上及び生活上の問題点及び解決すべき課題、⑤提供される指定居宅サービス等の目標及びその達成時期、⑥**指定居宅サービス等が提供される日時**、⑦指定居宅サービス等を提供する上での留意事項、⑧**指定居宅サービス等の提供を受けるために居宅要介護者が負担しなければならない費用の額**

下線太字：施設サービス計画では、定める事項に該当しない内容

つまり、居宅サービス計画には、これらの定める事項をすべて満たしていることが求められるため、標準様式においては、**第1表〜第3表、第6表**及び**第7表**を、「居宅サービス計画（ケアプラン）」と呼び、第1表〜第7表を包括して「居宅サービス計画等（ケアプラン等）」と呼ぶのです。

2) 施設サービス計画について

施設サービス計画には、法第8条第26項及び施行規則第19条に示されている定める事項を定める必要があります。

表1-2 施設サービス計画に定める事項

①施設が提供するサービスの内容、これを担当する者、②当該要介護者及びその家族の生活に対する意向、③当該要介護者の総合的な援助の方針、④健康上及び生活上の問題点及び解決すべき課題、⑤提供する施設サービスの目標及びその達成時期、⑥施設サービスを提供する上での留意事項

つまり、施設サービス計画には、これらの定める事項をすべて満たしていることが求められるため、標準様式においては、**第1表**と**第2表**を、「施設サービス計画（ケアプラン）」と呼び、第1表〜第6表を包括して「施設サービス計画等（ケアプラン等）」と呼ぶのです。

3) 居宅サービス計画と施設サービス計画の違い

また、居宅サービス計画に定める事項とされている「サービス等が提供される**日時**」「サービス等の提供を受けるために要介護者が負担しなければならない**費用の額**」については、施設サービス計画では、ケアプランに定める事項に指定されていません。

このため、居宅介護支援においては、第4表（サービス担当者会議の要点）と第5表（居宅介護支援経過）は、居宅サービス計画に準ずる書類として取り扱います。

同様に、施設の介護支援においては、第3表（週間サービス計画表）、第4表（日課計画表）、第5表（サービス担当者会議の要点）、第6表（施設介護支援経過）を、施設サービス計画に準ずる書類として取り扱います。

　第３表（週間サービス計画表）などは、居宅と施設の標準様式が一言一句変わらないにもかかわらず、居宅介護支援で使用する場合には、「ケアプラン」に該当し、施設の介護支援で使用する場合には、「ケアプランに準ずる書類」として取り扱われることなどに、注意しましょう。

全般：Q3

表1-3 居宅サービス計画と施設サービス計画

居宅サービス計画	施設サービス計画
第１表　居宅サービス計画書（1）	第１表　施設サービス計画書（1）
第２表　居宅サービス計画書（2）	第２表　施設サービス計画書（2）
第３表　週間サービス計画表	
第６表　サービス利用票	
第７表　サービス利用票別表	

■ 関連 Q&A

全般：Q1、Q2、Q4、Q8、第１表：Q29、Q30、第２表：Q19、Q29、第３表：Q1、第４表：Q6、第５表：Q5

――― Column ―――

「指定居宅サービス等」の定義

　居宅介護支援において何度も出てくる「指定居宅サービス等」という言葉は、以下のすべてを包括した言葉です（法第８条第24項）。

- 指定居宅サービス、特例居宅介護サービス費に係る居宅サービス、これに相当するサービス
- 指定地域密着型サービス、特例地域密着型介護サービス費に係る地域密着型サービス、これに相当するサービス
- その他の居宅において日常生活を営むために必要な保健医療サービス又は福祉サービス

　つまり、「指定居宅サービス等」とは、利用者が居宅で日常生活を営むために必要な介護保険のサービスとその他の保健・医療・福祉サービスすべてを包括した言葉なのです。

Q4 ケアプラン全般

保険給付において居宅サービス計画、介護予防サービス計画（以下、「ケアプラン等」）を作成することにより受けられる最大の利益（メリット）は何か？

■ 回答

利用するサービスがケアプラン等に位置づけられていることにより、法定代理受領方式でサービスを利用できること。

■ 根拠法令等

要介護者：法第 41 条第 6 項

要支援者：法第 53 条第 1 項

■ 解説

介護保険のサービスを利用するためには、被保険者に保険事故が発生していることを確認し（**要介護・要支援認定を受け**）、一人ひとりに必要な量と内容のサービスを決め（**ケアプラン等を作成する**）、訪問看護計画等の**個別サービス計画**で必要なサービス量を位置づけたうえで、サービスを提供することが原則となります（図 1-1 参照）。

図1-1 介護保険のサービスを受ける際に必要な手続き

出典：後藤佳苗『改訂 法的根拠に基づくケアマネ実務ハンドブック Q&A でおさえる業務のツボ』中央法規出版, p.16, 2018.

　利用者は、利用するサービスがケアプラン等に位置づけられていることにより、法定代理受領方式でサービスを利用できるようになります。

　つまり、保険給付においてケアプラン等の作成により利用者が受ける最大の利益（メリット）は、「**法定代理受領方式でサービスを受けられること**」といえるでしょう（法定代理受領方式とは、保険者がサービスを受けた被保険者に代わって、サービス提供事業者にサービス利用に要した費用を支払うことにより被保険者に保険給付を行ったとみなす方式のことです）。

　このため、利用者の利便性の向上、必要な給付の適切な分配ができるよう、居宅介護支援事業所はもちろん、サービス事業所にも法定代理受領方式を推進することの意味を確認し、利用者を援助する義務が付されているのです。

　なお、「認定結果が通知される前の暫定ケアプランをつくらなくてよい」などと言う人もいますが、この考えは間違いです。認定結果が通知前だったとしても、暫定ケアプランがあるから、法定代理受領方式（いつもの方式）でサービスを受けることが可能となるのです。認定結果が通知される前だったとしても、適切にケアプランを作成し、対応しましょう。

■ 関連 Q&A

　全般：Q1、Q3、Q8、第1表：Q7、第2表：Q19、Q25、
　第6表等：Q5

Q5 ケアプラン全般

ケアプラン（居宅サービス計画）作成の責任者は誰か？

■回答

法人（居宅介護支援事業の運営者）、事業所の管理者（ケアプランの作成指示者）、ケアマネジャー（居宅介護支援の直接的な提供者）の三者である。

■根拠法令等

法第 8 条第 24 項、運営基準第 1 条の 2、第 13 条第 1 号、第 3 号～第 12号

■解説

法第 8 条第 24 項及び運営基準第 1 条の 2 にあるとおり、居宅介護支援とは、利用者の希望する暮らしが達成できるよう、ケアプランを作成し、自立を支援することです。そして、この事業の責任主体は、**事業者（法人）**とされています。

また、運営基準第 13 条第 1 号には、事業所でケアプランを作成するのは、**事業所の管理者**の義務（管理者はケアマネジャーにケアプランを作成させるものとする）であることが示されています。

併せて運営基準第 13 条第 3 号～第 12 号において、ケアプランを作成する際の**ケアマネジャー**の義務や努力義務が示されています（詳細は表 1-4（13 ページ～ 14 ページ）を参照）。

これらより、法人が事業（者）としての責務を果たし、事業所としての作成責任は管理者が果たし、実際の作成や高齢者等への説明等の責務はケアマネジャーが負うことがわかります。

■関連 Q&A

全般：Q6、Q7

頻度：★★★

Q6 ケアプラン全般

ケアプラン原案の根拠は何か？

■ 回答

　ケアプラン原案の根拠（土台）は、利用者や入所者（以下、「入所者等」）の希望と入所者等についての課題分析（以下、「アセスメント」）の結果である。

■ 根拠法令等

　運営基準第 13 条第 8 号、施設の運営基準第 12 条第 5 項

■ 解説

　ケアマネジャーは、ケアプランが入所者等の生活の質に直接影響する重要なものであることを十分に認識し、ケアプラン原案を作成しなければなりません。したがって、ケアプラン原案は、**入所者等の希望及び入所者等についてのアセスメントの結果**による専門的見地に基づき、入所者等の家族の希望や当該地域の体制等を勘案したうえで、実現可能なものとする必要があります。

　家族の希望や、地域のサービス提供体制、施設の状況などは、勘案すべき事項ではありますが、ケアプラン原案を作成する際には、あくまでも補助的な要因です。

　また、提供されるサービスについて、その長期的な目標及びそれを達成するための短期的な目標並びにそれらの達成時期等を明確に盛り込み、当該達成時期にはケアプラン及び提供したサービス等の評価を行うことができるようにすることが重要になることについても、留意しましょう。

■ 関連 Q&A

　全般：Q5、Q7、Q9、Q10、第 1 表：Q10 ～ Q16

Q7　ケアプラン全般

ケアプラン作成の留意点は何か？

■回答

利用者が可能な限りその居宅において、その有する能力に応じ自立した日常生活を営むことができるように配慮して行われるよう、定められた手順を原則として守る。

■根拠法令等

法第 8 条第 24 項、運営基準第 13 条第 3 号〜第 12 号、第 16 号

（法第 8 条第 26 項、施設の運営基準第 12 条）

■解説

ケアプランは、運営基準第 13 条（指定居宅介護支援の具体的取扱方針）のプロセスに沿って作成することが基本です。

当該条項は、同基準第 1 条の 2 に掲げる基本方針を達成するために必要となる業務である、アセスメント、ケアプラン原案の作成、サービス担当者会議、ケアプランの交付、モニタリングなどの**居宅介護支援を構成する一連の業務のあり方及び業務居宅介護支援を行うケアマネジャーの責務**を明らかにしたものです。

また、ケアマネジャーは、ケアプランの作成（変更）にあたっては、原則として、基準第 13 条第 3 号から第 12 号までに規定された一連の業務を行うことが義務づけられています（運営基準第 13 条第 16 号）。

居宅サービス計画の作成（変更）にあたっての一連の業務とその具体的な内容や留意点については、次ページからの表 1-4 で確認してください。

■関連 Q&A

全般：Q5、Q6、Q9、Q10

表1-4 居宅サービス計画の作成（変更）にあたっての一連の業務

該当条項	概要（ケアマネジャーの義務等）
運営基準第13条第3号（継続的かつ計画的な指定居宅サービス等の利用）	ケアプランの作成又は変更に当たり、継続的な支援という観点に立ち、計画的に指定居宅サービス等の提供が行われるようにすることが必要であり、支給限度額の枠があることのみをもって、特定の時期に偏って継続が困難な、また必要性に乏しい居宅サービスの利用を助長するようなことがあってはならない（解釈通知第二の3 (7) ③）
同第4号（総合的な居宅サービス計画の作成）	ケアプランの作成又は変更に当たっては、利用者の希望や課題分析の結果に基づき、介護給付等対象サービス以外のサービスなども含めて位置付けることにより総合的な計画となるよう努めなければならない（解釈通知第二の3 (7) ④）
同第5号（利用者自身によるサービスの選択）	特定のサービス事業者に不当に偏した情報を提供するようなことや、利用者の選択を求めることなく同一の事業主体のサービスのみによるケアプラン原案を最初から提示するようなことがあってはならない 集合住宅等におけるケアプランに、利用者の意思に反して、集合住宅と同一敷地内等の指定居宅サービス事業者のみを位置付けるようなことはあってはならない（解釈通知第二の3 (7) ⑤）
同第6号（課題分析の実施）	ケアプランの作成に先立ち、利用者の課題を客観的に抽出するための手法として合理的なものと認められる、適切な方法で利用者の課題分析を行う（解釈通知第二の3 (7) ⑥）
同第7号（課題分析における留意点）	アセスメントに当たっては、利用者が入院中であることなど物理的な理由がある場合を除き、必ず利用者の居宅を訪問し、利用者及びその家族に面接して行わなければならない（解釈通知第二の3 (7) ⑦）
同第8号（居宅サービス計画原案の作成）	ケアプラン原案は、利用者の希望及び利用者についてのアセスメントの結果による専門的見地に基づき、利用者の家族の希望及び当該地域における指定居宅サービス等が提供される体制を勘案した上で、実現可能なものとする（解釈通知第二の3 (7) ⑧）

該当条項	概要（ケアマネジャーの義務等）
同第9号 （サービス担当者 会議等による専門 的意見の聴取）	やむを得ない理由がない限り、利用者やその家族、ケアプラン原案に位置付けた担当者からなるサービス担当者会議の開催により、利用者の状況等に関する情報を当該担当者と共有するとともに、専門的な見地からの意見を求め調整を図る 「やむを得ない理由」には、①末期の悪性腫瘍の患者で主治の医師等の意見を勘案して認める場合、②開催の日程調整を行ったが、サービス担当者の事由により、サービス担当者会議への参加が得られなかった場合、③居宅サービス計画の変更であって、利用者の状態に大きな変化が見られない等における軽微な変更の場合等が想定されている（解釈通知第二の3（7）⑨）
同第10号 （居宅サービス計 画の説明及び同 意）	位置付けるサービスについても利用者の希望を尊重してケアプラン原案を作成し、最終的には、その内容について説明を行った上で文書によって利用者の同意を得る（解釈通知第二の3（7）⑩）
同第11号 （居宅サービス計 画の交付）	ケアプランを作成した際には、遅滞なく利用者及び担当者に交付しなければならない 担当者に対してケアプランを交付する際には、計画の趣旨及び内容等について十分に説明し、各担当者との共有、連携を図った上で、各担当者が個別サービス計画における位置付けを理解できるように配慮する（解釈通知第二の3（7）⑪）
同第12号 （担当者に対する 個別サービス計画 の提出依頼）	担当者にケアプランを交付したときは、担当者に対し、個別サービス計画の提出を求め、居宅サービス計画と個別サービス計画の連動性や整合性について確認する（解釈通知第二の3（7）⑫）

頻度：★★★☆

Q8 ケアプラン全般

介護保険以外のサービスをケアプランに位置づけなければならないのか？

■回答

居宅介護支援を提供する事業者は、介護保険以外のサービスも含めて調整し、ケアプランに位置づける。また、ケアマネジャーがケアプランを作成する際には、介護保険以外のサービスを位置づける努力義務がある。

■根拠法令等

法第8条第24項、運営基準第13条第4号

■解説

ケアプランは、介護や支援を受けながらも家庭や地域社会において可能な限り自立した生活を営むことができることを目的として作成します。

また、ケアプランの作成にあたっては、「利用者及び家族の解決すべき課題（ニーズ）」を明確にすることが起点となります。

なお、利用者の生活は、介護保険のサービスだけで成り立っていないため、利用者等のニーズは、介護の問題のみにとどまらないこともあります。

ケアマネジャーは、介護保険給付以外の制度やその他のサービス、私的な援助などについての理解を深め、それらが利用者のニーズに反しない場合には、利用者の**自立支援に資する適切なケアプラン**になるよう、ケアプランに位置づけるよう努めなければなりません。

■関連 Q&A

全般：Q1、Q3、Q4、第2表：Q25、第3表：Q7

Q9 ケアプラン全般

アセスメントの適切な実施方法は？

■ 回答

アセスメントは、標準様式通知に示されている「課題分析標準項目」を具備することをもって、「適切な方法」で実施したこととして認められる。

■ 根拠法令等

運営基準第 13 条第 6 号、解釈通知第二の 3（7）⑥、標準様式通知別紙 4

■ 解説

居宅介護支援事業所等が使用しているアセスメントシートについては、100 種類以上のシートが存在するといわれています。

しかし、アセスメントの共通点として、アセスメントは、ケアマネジャーの個人的な考え方や手法のみによって行われてはならず、利用者の課題を客観的に抽出するための手法として合理的なものと認められる**「適切な方法」**を用いなければなりません。

この「適切な方法」については、解釈通知第二の 3（7）⑥において、「別途通知する」とされ、標準様式通知別紙 4 が示されました。つまり、標準様式通知別紙 4 にて示された**課題分析標準項目**を**「具備すること」**で、アセスメントを「適切な方法」で実施したと認められます。

なお、「具備」とされていることからも、完全にそろえていることが必要なため、アセスメントシートには空欄をつくらないことを原則とします。" なし "や" 自立 "と判断した場合には、シートに「なし」「問題なし」「自立」などと明記しましょう。

■ 関連 Q&A

全般：Q6、Q7、Q10

表1-5 課題分析標準項目

基本情報に関する項目

No.	標準項目名	項目の主な内容（例）
1	基本情報（受付、利用者等基本情報）	居宅サービス計画作成についての利用者受付情報（受付日時、受付対応者、受付方法等）、利用者の基本情報（氏名、性別、生年月日、住所・電話番号等の連絡先）、利用者以外の家族等の基本情報について記載する項目
2	生活状況	利用者の現在の生活状況、生活歴等について記載する項目
3	利用者の被保険者情報	利用者の被保険者情報（介護保険、医療保険、生活保護、身体障害者手帳の有無等）について記載する項目
4	現在利用しているサービスの状況	介護保険給付の内外を問わず、利用者が現在受けているサービスの状況について記載する項目
5	障害高齢者の日常生活自立度	障害高齢者の日常生活自立度について記載する項目
6	認知症である高齢者の日常生活自立度	認知症である高齢者の日常生活自立度について記載する項目
7	主訴	利用者及びその家族の主訴や要望について記載する項目
8	認定情報	利用者の認定結果（要介護状態区分、審査会の意見、支給限度額等）について記載する項目
9	課題分析（アセスメント）理由	当該課題分析（アセスメント）の理由（初回、定期、退院退所時等）について記載する項目

課題分析（アセスメント）に関する項目

No.	標準項目名	項目の主な内容（例）
10	健康状態	利用者の健康状態（既往歴、主傷病、症状、痛み等）について記載する項目
11	ADL	ADL（寝返り、起きあがり、移乗、歩行、着衣、入浴、排泄等）に関する項目
12	IADL	IADL（調理、掃除、買物、金銭管理、服薬状況等）に関する項目
13	認知	日常の意思決定を行うための認知能力の程度に関する項目
14	コミュニケーション能力	意思の伝達、視力、聴力等のコミュニケーションに関する項目
15	社会との関わり	社会との関わり（社会的活動への参加意欲、社会との関わりの変化、喪失感や孤独感等）に関する項目
16	排尿・排便	失禁の状況、排尿排泄後の後始末、コントロール方法、頻度などに関する項目
17	じょく瘡・皮膚の問題	じょく瘡の程度、皮膚の清潔状況等に関する項目
18	口腔衛生	歯・口腔内の状態や口腔衛生に関する項目
19	食事摂取	食事摂取（栄養、食事回数、水分量等）に関する項目
20	問題行動	問題行動（暴言暴行、徘徊、介護の抵抗、収集癖、火の不始末、不潔行為、異食行動等）に関する項目
21	介護力	利用者の介護力（介護者の有無、介護者の介護意思、介護負担、主な介護者に関する情報等）に関する項目
22	居住環境	住宅改修の必要性、危険個所等の現在の居住環境について記載する項目
23	特別な状況	特別な状況（虐待、ターミナルケア等）に関する項目

Q10　ケアプラン全般

アセスメントを実施する際の留意点は？

■ **回答**

アセスメントにあたっては、必ず利用者の居宅で利用者とその家族と面接のうえ実施する。

■ **根拠法令等**

運営基準第13条第7号、解釈通知第二の3（7）⑦

■ **解説**

ケアマネジャーが、アセスメントを行う際には、前問で確認した「適切な方法」で実施する（運営基準第13条第6号等）とともに、必ず利用者の居宅を訪問し、利用者及びその家族に面接して行わなければなりません（同第7号）。

なお、解釈通知の「**利用者が入院中であることなど物理的な理由がある場合を除き**」という一文により、退院日からサービスの利用が必要な場合などについては、入院中の院内での利用者との面接をもとにケアプランを作成することも可能とされています。

ただし、「アセスメントは1回まで」などアセスメントの回数を制限した規定はありません。必要な回数、必要な場所でアセスメントを行い、ケアプラン作成に活かしましょう。

また、利用者宅での利用者本人との面接の実施（運営基準第13条第7号）は、**運営基準減算**にも該当する項目です。適切な対応を心がけましょう（次ページコラム参照）。

■ **関連Q&A**

全般：Q6、Q7、Q9、第3表：Q6

運営基準減算のポイント解説！

運営基準減算とは、指定された運営基準の条項が規定に適合していない場合には、居宅介護支援費の所定単位数の50%を減算し、その状態が2か月以上継続している場合は、居宅介護支援費が算定できないという厳しい規定です。

運営基準減算に該当する条項等

条項	内容
第4条第2項	内容及び手続の説明及び同意
第13条第7号	課題分析における留意点
第9号	サービス担当者会議等による専門的意見の聴取
第10号	居宅サービス計画の説明及び同意
第11号	居宅サービス計画の交付
第14号	モニタリングの実施
第15号	居宅サービス計画の変更の必要性についてのサービス担当者会議等による専門的意見の聴取
第16号	居宅サービス計画の変更

また、算定基準の解釈通知第三の6居宅介護支援の業務が適切に行われない場合には、運営基準減算に該当する条件と併せて、その取扱いとして、以下の2点についても付されています。

①運営基準減算は適正なサービスの提供を確保するためのものであり、事業所は運営基準の規定を遵守するよう努めること

②市町村長は、当該規定を遵守しない事業所に対しては、遵守するよう指導する。指導に従わない場合には、特別な事情がある場合を除き、指定の取消しを検討すること

利用者の安全と権利を守るために運営基準を遵守する必要性を理解し、使いこなしていることをケアプラン等で示せるよう、事業所内で徹底しましょう。

Q11 ケアプラン全般

アセスメントシートの上書きは認められているのか？

■ 回答

原則として認められている。ただし、その根拠は脆弱である。

■ 根拠法令等

標準様式通知別紙3のⅢ

■ 解説

アセスメントシートの上書きの可否について、明確に示された通知等がないため、標準様式通知別紙3のⅢ、「同一用紙に介護サービス計画の変更を継続して記録していくものではなく、介護サービス計画の作成（変更）の都度、別の用紙（別葉）に記録する、**時点主義**の様式を前提に考える」を参考とする場合が多いようです。

通知のとおり、「介護サービス計画（ケアプラン）」は、上書きができない（変更を継続して記録していくものではない）と明確に書かれていますが、アセスメントについては、触れられていません。

このため、当該通知を反転させて（逆説的に）解読し、「**アセスメントシートの上書きは可能**」と考える保険者や団体等が多いのです。

ただし、本来の通知を裏返して（逆にして）読んでいるため、根拠とするには脆弱です。保険者等のルールや取決め（例えば、アセスメントの上書きは原則として認めない、ケアプランの変更時には、新たなアセスメントシートを作成すること）などがある場合には、それに従いましょう。

■ 関連 Q&A

第2表：Q33、Q34

第1表
居宅サービス
計画書（1）

　第1表は、アセスメントとケアプランをつなぐ「利用者及び家族の生活に対する意向」欄や、ケアプラン第1表〜第3表を取りまとめて表現する「総合的な援助の方針」欄など、利用者の生活と、ケアチームの目的を一度にみることができる、"ケアプランの顔"ともいわれる帳票です。

　また、近年では、介護給付費の適正化の視点からも重要と考えられている帳票です。利用者の自立支援と介護保険サービスの安定的な供給の両面から、記載のルールを確認していきましょう。

居宅サービ

利用者名　　　　　　　　　　殿　　生年月日　　　　年　　　月　　　日

居宅サービス計画作成者氏名　←　当該居宅サービス計画作成者（介護支援専門員）の氏名を記

居宅介護支援事業者・事業所名及び所在地　←

居宅サービス計画作成（変更）日　　　　年　　　月　　　　当該居宅サービス計画を作成
　　　　　　　　　　　　　　　　　　　　　　　　　　　　または変更した日を記載します。

認定日　　　年　　　月　　　日　　　　認定の有効期間　　　　年　　　月

| 要介護状態区分　← | 要介護1　・　要介護2 |

被保険者証に記載された「要
介護状態区分」を転記します。

利用者及び家族の　←　　　　利用者及びその家族が、どのような内容の介護サービスをどの
生活に対する意向　　　　　　な生活をしたいと考えているのかについて課題分析の結果を記
　　　　　　　　　　　　　　　なお、利用者及びその家族の生活に対する意向が異なる場合には

「要介護状態区分」が認定された日（認定の始期であり、初回申請者であれ
ば申請日）を記載します。
「申請中」の場合は、申請日を記載します。認定に伴い当該居宅サービス
介護認定審査会の　　　　　　計画を変更する必要がある場合には、作成日の変更を行います。
意見及びサービスの
種類の指定　　　←　　　　　被保険者証を確認し、「認定審査会意見及びサービスの種類の指定」
　　　　　　　　　　　　　　　が記載されている場合には、これを転記します。

　　　　　　　　　　　　　　　課題分析により抽出された、「生活全般の解決すべき課題（ニーズ）」に対
　　　　　　　　　　　　　　　して、当該居宅サービス計画を作成する介護支援専門員をはじめ各種の
　　　　　　　　　　　　　　　ービス担当者が、どのようなチームケアを行おうとするのか、総合的な援
総合的な援助の方針　←　　　の方針を記載します。
　　　　　　　　　　　　　　　あらかじめ発生する可能性が高い緊急事態が想定されている場合には、
　　　　　　　　　　　　　　　応機関やその連絡先等について記載することが望ましいです。

| 生活援助中心型の
算定理由 | 1.　一人暮らし　　　2.　家族等が障害、疾病等 |

ス計画書(1) 作成年月日 　年　月　日

初回・紹介・継続 認定済・申請中

住所

す。

当該居宅サービス計画作成者の所属する居宅介護支援事業者・事業所名及び所在地を記載します。

「新規申請中」(前回「非該当」となり、再度申請している場合を含む。)、「区分変更申請中」、「更新申請中であって前回の認定有効期間を超えている場合」は、「申請中」に○を付します。それ以外の場合は「認定済」に○を付します。

初回居宅サービス計画作成日 　年　月　日

日　～　年　月　日

当該居宅介護支援事業所において当該利用者に関する居宅サービス計画を初めて作成した日を記載します。

要介護3 　・ 　要介護4 　・ 　要介護5

の頻度で利用しながら、どのようす。
々の主訴を区別して記載します。

被保険者証に記載された「認定の有効期間」を転記します。

当該利用者が、当該居宅介護支援事業所において初めて居宅介護支援を受ける場合は「初回」に、他の居宅介護支援事業所(同一居宅介護支援事業者の他の事業所を含む。以下同じ。)または介護保険施設から紹介された場合は「紹介」に、それ以外の場合は「継続」に○を付します。
なお、「紹介」とは、当該利用者が他の居宅介護支援事業所又は介護保険施設においてすでに居宅介護支援等を受けていた場合を指します。
また、「継続」とは、当該利用者がすでに当該居宅介護支援事業所から居宅介護支援を受けている場合を指します。
当該居宅介護支援事業所において過去に居宅介護支援を提供した経緯がある利用者が一定期間を経過した後に介護保険施設から紹介を受けた場合には、「紹介」及び「継続」の両方を○印で囲みます。

護保険給付対象サービスとして、居宅サービス計画に生活援助中心型の訪問介護を位置づけることが必要な場合に記載します。
単身の世帯に属する利用者」の場合は、「1.一人暮らし」に、「家族若しくは親族と同居している利用者であって、当該族等の障害、疾病等の理由により、当該利用者または当該家族等が家事を行うことが困難であるもの」の場合は、2.家族等が障害、疾病等」に○を付します。また、家族等に障害、疾病がない場合であっても、同様のやむをえない事情により、家事が困難な場合等については、「3.その他」に○を付し、その事情の内容について簡潔明瞭に記載します。

3.　その他　（ 　　　　　　　　　　　　　　　　　　　　　　　　）

23

第1表（33）

Q15 「利用者及び家族の生活に対する意向」の記載はこれでよいのか？ ②本人「訪問介護を使いたい」

Q16 「利用者及び家族の生活に対する意向」の記載はこれでよいのか？ ③家族「本人には伝えていないが、施設に入ってほしい」

Q17 「介護認定審査会の意見及びサービスの種類の指定」には、何を書くのか？

Q18 被保険者証の「認定審査会の意見及びサービスの種類の指定」が何も記載されていない場合にも、本欄を書かないとダメなのか？

Q19 「総合的な援助の方針」はどのタイミングで書くのか？

Q20 「総合的な援助の方針」と「利用者及び家族の生活に対する意向」をどう書き分けるのか？

Q21 「総合的な援助の方針」にサービス名称を書いてはダメなのか？

Q22 「総合的な援助の方針」の望ましい語尾の表現は？

Q23 緊急連絡先を必ず書かないとダメなのか？

Q24 緊急連絡先には、主治医の氏名を書かなければいけないのか？

Q25 「総合的な援助の方針」の見直しは、いつを目安に行うべきか？

Q26 生活援助を使わない場合にも○を付すべきか？

Q27 「2.家族等が障害、疾病等」を選択する事例のイメージは？

Q28 「3.その他」を選択する場合の留意点は？

Q29 第1表の枠外に署名欄を作成するべきか？

Q30 署名欄で示す文章の具体的な表現の例は？

Q31 家族等が署名を代筆する際の留意点は？

Q32 自署ができない人で家族等がいない場合などに、ケアマネジャーがパソコン等で記名のうえ、押印をしてもよいか？

Q33 「作成年月日」「居宅サービス計画作成（変更）日」「署名欄」の日付はそろえるべきか？

Q1 標準様式の該当部分
「作成年月日」

第 1 表の「作成年月日」の日付はいつを書くべきなのか？

■回答

　利用者とケアマネジャーの共通認識の時点を明らかにし、ケアプランの管理を徹底するために付された日付のため、管理がしやすい日を記載する。

　ただし、事業所として統一するとともに、保険者等のルールがある場合には、それに従うこと。

■根拠法令等

　なし（参考：「介護サービス計画書（ケアプラン）様式の一部改正についてのQ&A」全国高齢者保健福祉・介護保険担当課長会議資料（平成 16年 2 月 19 日）、標準様式通知別紙 3 のⅤの 1 ⑫）

■解説

　現在の標準様式通知には、居宅サービス計画書の第 6 表（サービス利用票）以外の「作成年月日」に関する記載要領は示されていません。

　2003（平成 15）年 9 月 26 日の標準様式通知の一部改正にて、「作成年月日」は標準様式のすべての帳票に追加されました。この際、「作成年月日が追加された理由（改正の趣旨）」として、以下の内容が示されました。

改正前の標準様式では、各表の内容について、利用者（家族）と介護支援専門員等（援助者）との間で共通認識がどの時点でなされたのかがわかりにくいとのご意見があったため、**共通認識された日（作成日）を一見して確認できるよう、各表の共通した位置に欄を追加したものである。**

　つまり、「作成年月日」は、**利用者への説明と同意（共通認識）の徹底の**ため、追加された内容です。

加えて、「作成年月日」に、いつの時点の日付を書くのかについては、通知が発出された年度の全国高齢者保健福祉・介護保険担当課長会議（平成16年2月19日）においても質疑応答がなされています。

Q1：「作成年月日」とは、何の日付を記載するのか。

A：利用者（家族）と介護支援専門員等（援助者）との間で、**介護サービス計画原案について説明・同意（共通認識）がなされた日**である。

　なお、居宅サービス計画「第4表」、~~「第5表」~~及び施設サービス計画「第5表」、~~「第6表」~~については、介護支援専門員が作成（記録）した日である。

　また、居宅サービス計画「第5表」及び施設サービス計画「第6表」については、介護支援専門員が作成（記録）を開始した日である。

※下線部分の標準様式の帳票番号は、現在のものに改変。現在、標準様式ではない帳票については、見え消しで削除

この回答が、「同意（共通認識）」ではなく、「**文書同意**」とされていたならば、利用者の文書同意日（第1表の下部に作成することの多い署名欄の日付。つまり、ケアプラン原案がケアプランになった日）と同じ日付を書くことになります。しかし、文書によることが明記されずに、共通認識とされていることから、説明・同意がなされた日（ケアマネジャーと利用者が認識し合った日）であり、文書による必要はないとも判断されるのです。

このため、**ケアプラン原案の作成日、ケアプランの作成日、サービス担当者会議の開催日、利用者に説明した日、ケアプランの文書同意を受けた日**のいずれかを記載する事業所やケアマネジャーが多い印象を受けています。

ただし、どの日を作成年月日の基本的な日付にするかについては、事業所内で統一するとともに、保険者等の指示やルールがある場合（例：ケアプランの同意日（署名欄の日付）と合わせること）などには、それに従いましょう。

■ 関連Q&A

第1表：Q2 ～ Q4、Q33、第2表：Q1、Q34、第3表：Q3、
第4表：Q1、第6表等：Q7

Q2
標準様式の該当部分
「居宅サービス計画作成（変更）日」

新規のケアプランの「居宅サービス計画作成（変更）日」の日付は？

■ 回答

ケアプランを作成した日を記載する。

■ 根拠法令等

標準様式通知別紙 3 のⅣの 1 ⑥

■ 解説

新規のケアプランを作成する際は、「居宅サービス計画作成（変更）日」には、当該**ケアプランを作成した日**を記載します。

このため、新規のケアプランの場合で、ケアプラン原案がそのままケアプランになった場合には、**ケアプラン原案の作成日**もしくは**ケアプランの文書同意を受けた日**のいずれかを記載します。

一方、ケアプラン原案が変更されてケアプランになった場合には、**サービス担当者会議の開催日**や、**ケアプランの文書同意を受けた日**のいずれかを記載することになるでしょう。

ただし、どの日を基本（基準）とするかについては、事業所内で統一するとともに、保険者等の指示やルールがある場合（例：ケアプランの同意日と合わせること）などには、それに従いましょう。

■ 関連 Q&A

第 1 表：Q1、Q3、Q4、Q33

頻度：★★★

Q3 標準様式の該当部分
「**居宅サービス計画作成（変更）日**」

ケアプランを変更する際の「居宅サービス計画作成（変更）日」の日付は？

■ 回答

ケアプランを変更した日を記載する。

■ 根拠法令等

運営基準第 13 条第 10 号、標準様式通知別紙 3 のⅣの 1 ⑥

■ 解説

ケアプランを変更する際は、「居宅サービス計画作成（変更）日」には、当該**ケアプランを変更した日**を記載します。

それまで使っていたケアプランを変更する場合には、利用者の文書同意により、ケアプランが確定（変更）となりますから、**ケアプランの文書同意を受けた日**を記載することが基本となります。

ただし、利用者の都合等で署名欄の記載が遅くなる（同意日の記入が遅れる）場合などには、ケアプランが変更することを担当者含めて合意した**サービス担当者会議の開催日**を記載してもよいでしょう。

まずは事業所内で基準となる日付を統一するとともに、保険者等の指示やルールがある場合（例：ケアプランの同意日と合わせること）などには、それに従いましょう。

■ 関連 Q&A

第 1 表：Q1、Q2、Q4、Q33

Q4 標準様式の該当部分
「初回居宅サービス計画作成日」

自事業所の担当以前に、別の居宅介護支援事業所での担当期間がある場合、「初回居宅サービス計画作成日」には、いつを書くのか？

■ 回答

当該居宅介護支援事業所において当該利用者のケアプランを初めて作成した日を記載する。

■ 根拠法令等

標準様式通知別紙 3 のⅢ、Ⅳの 1 ⑦

■ 解説

標準様式は、**時点主義**を原則としているため、基本的には初回のケアプラン作成後、変更の都度、別葉に更新することを前提とするため、当該利用者が、いつの時点から**当該事業所とケアマネジメント関係にあるかを明示する**必要があります。

「初回居宅サービス計画作成日」を記載することで、当該ケアプランを作成したケアマネジャーはもとより、各種のサービス担当者に、サービス提供上の**経過的な変化を観察するための動機**がはたらきます。

これにより、モニタリングの不足による漫然とした不適切な処遇の継続を防止すること、利用者及びその家族の介護に関する意向や介護の必要性の変化が常にケアプランに反映されることをねらっています。

■ 関連 Q&A

第 1 表：Q1 ～ Q3

頻度：★★★☆

Q5
標準様式の該当部分
「初回・紹介・継続」

「初回・紹介・継続」のつけ方は？

■回答

利用者のケアマネジメントの利用経験等に合わせ選択をする。

■根拠法令等

標準様式通知別紙3のⅣの1⑧

■解説

本欄の具体的な選択方法は、居宅サービス計画、施設サービス計画ともに次のとおりです。

- ・「初回」は、利用者が当該事業所において、初めて要介護者としてケアマネジメントを受ける場合
- ・**「紹介」は、利用者が他の事業所や介護保険施設からケアマネジメントを受けた経験がある場合**
- ・「継続」は、当該事業所でケアマネジメントを提供した経験がある場合
- ・「紹介」「継続」の両方は、当該事業所において過去にケアマネジメントを提供した経緯がある利用者が、一定期間を経過し（この間に他の事業所や施設でケアマネジメントを受け）た場合

ときに、「紹介」を適切に使用できていないケアマネジャーを見かけます。ケアプランは利用者の人生設計図です。このため本欄は、事業所管理の利便性の向上や、初回加算の算定とは連動していません。標準様式通知の規定を確認し、適切に取り扱いましょう。

■関連Q&A

第1表：Q6

Q6 標準様式の該当部分
「初回・紹介・継続」

認定更新のたびに、要支援2と要介護2の認定を交互に受けている利用者の場合、「初回・紹介・継続」は、どのようにつければよいのか？

■ 回答

決まりはない。

■ 根拠法令等

標準様式通知別紙3のIVの1⑧、予防の標準様式通知2⑤

■ 解説

　介護給付と予防給付（地域支援事業を含む）は、居宅介護支援事業所と介護予防支援事業所とでケアマネジメントの提供機関が異なるだけではなく、ケアプラン等の標準様式及びその通知も異なっています。

　つまり、それぞれの標準様式の記載要領等を示した通知が連動していないため、更新の都度、要支援認定と要介護認定を交互に受けている利用者などの場合には、「初回・紹介・継続」欄の**どの項目を選択するのか決まりはありません**。

　このため、本問のような事例の場合には、あらかじめどの項目を選択するのかについて、地域包括支援センター等の指示や助言を受け、それに沿って事業所内のルールを決めて対応するなど、事務手続きの効率化を図りましょう。

■ 関連 Q&A

第1表：Q5

頻度：★★☆

Q7 標準様式の該当部分 「認定済・申請中」

認定の結果が出ていない場合の「認定済・申請中」のつけ方は？

■ 回答

申請中に〇を付す。

■ 根拠法令等

標準様式通知別紙 3 のⅣの1 ⑨

■ 解説

認定により要介護状態区分が確定しているか、初回申請中または変更申請中で**要介護状態区分が変動する等の可能性があるか**を明らかにしておく欄です。

このため、以下のような（認定済でない）場合はすべて、申請中に〇を付します。

・新規申請中（前回「非該当」となり、再度申請している場合を含む）

・区分変更申請中

・更新申請中であって前回の認定有効期間を超えている場合　　　など

■ 関連 Q&A

全般：Q4、第 6 表等：Q5

Q8 標準様式の該当部分
「認定日」

新規認定の場合、「認定日」はいつを書くのか？

■ 回答

要介護状態区分が認定された日を記載する。

■ 根拠法令等

標準様式通知別紙 3 の IV の 1 ⑩

■ 解説

「認定日」は、当該ケアプランにかかる要介護状態区分が、いつから継続しているかを把握することにより、例えば、長期間にわたり要介護状態区分に変化がないような事例の点検に資するためにつくられた欄です。

　本欄には、要介護状態区分が**認定された日**（**認定の始期**であり、初回申請者であれば**申請日**）を記載します。

　申請中の場合は申請日を記載します。認定に伴い当該ケアプランを変更する必要がある場合には、「居宅サービス計画作成（変更）日」の変更も忘れずに行いましょう。

■ 関連 Q&A

第 1 表：Q9

頻度：★★★

Q9
標準様式の該当部分
「認定日」

区分変更認定や更新認定の場合、「認定日」はいつを書くのか？

■回答

要介護状態区分が認定された日を記載する。

■根拠法令等

標準様式通知別紙 3 のIVの 1 ⑩

■解説

本欄には、要介護状態区分が**認定された日**を記載します。

区分変更認定の場合には、認定の遡及効により、新規認定と同様に「要介護状態区分が認定された日」、つまり、**申請日**を記載します。

更新認定で、認定済の（認定結果が通知されている）場合には、**認定結果の通知日**を記載し、認定結果がまだ出ていない（認定結果が不明な）場合には、**申請日**を記載します。

■関連 Q&A

第 1 表：Q8

表2-1 「認定日」に記載する日付

	記載する日付
新規認定・区分変更認定	申請日
更新認定 （認定結果が確定済）	認定結果通知日
更新認定 （認定結果が未確定）	申請日

Q10 標準様式の該当部分
「利用者及び家族の生活に対する意向」

「利用者及び家族の生活に対する意向」には、何を書くのか？

■ 回答

　利用者及びその家族が、どのような内容の介護サービスをどの程度の頻度で利用しながら、どのような生活をしたいと考えているのかについて、課題分析の結果を記載する。

■ 根拠法令等

　運営基準第 13 条第 8 号、標準様式通知別紙 3 のⅣの 1 ⑬、マニュアル第 1 表の質問 2

■ 解説

　ケアマネジャーは、**利用者の希望**と**アセスメントの結果**に基づき、ケアプラン原案を作成します（運営基準第 13 条第 8 号）。
「利用者及び家族の生活に対する意向」は、利用者及びその家族が、どのような内容の介護サービスをどの程度の頻度で利用しながら、**どのような生活をしたいと考えているのか**について、**課題分析の結果を記載する**欄です。
　また、利用者と家族の意向が異なる場合には各々の意向を区別し記載するとともに、さまざまな事情（高齢者虐待や家庭の事情など）から、意向欄に記載できない内容については、第 5 表（居宅介護支援経過）を活用し、把握した情報を記録しておくことが必要です。

■ 関連 Q&A

　全般：Q6、第 1 表：Q11 ～ Q16、Q20

頻度：★★★★

標準様式の該当部分

Q11 「利用者及び家族の生活に対する意向」

「利用者及び家族の生活に対する意向」に、介護を行う家族の意向は記載しなければならないのか？

■ 回答

利用者とその介護を行う家族は不即不離の関係にあるため、わかる範囲で記載する。利用者及びその家族の生活に対する意向が異なる場合には、各々の主訴を区別して記載する。

■ 根拠法令等

運営基準第13条第8号、標準様式通知別紙3のⅣの1⑬、マニュアル第1表の質問3

■ 解説

前問で確認したとおり、ケアプラン原案の根拠は、利用者の希望とアセスメントの結果です。

しかし、利用者に関することだけを書けばよいわけではありません。利用者とその介護を行う家族は、**不即不離の関係**にあるため、効果的な支援をするためには、介護を行う家族の希望や生活の意向は、配慮が必要になることもあります。

また、どんなにわかり合っている利用者と家族であったとしても、それぞれの生活に対する意向が、ぴったりと一致していることは少ないものです。「利用者及び家族の生活に対する意向」欄には、わかる範囲で、利用者と家族の主訴を区別して記載します。

■ 関連Q&A

全般：Q6、第1表：Q10、Q12 ～ Q16

Q12 標準様式の該当部分
「利用者及び家族の生活に対する意向」

「利用者及び家族の生活に対する意向」に、サービス名称を書いてはダメなのか？

■回答

アセスメントの結果、生活に対する意向を明確にするために必要な場合は、単なるサービス名称の列記だけにならないよう留意したうえで記載する。

■根拠法令等

運営基準第 13 条第 8 号、標準様式通知別紙 3 のIVの 1 ⑬、マニュアル第 1 表の質問 2

■解説

本欄は、利用者と家族が、どのような内容の介護サービスをどの程度の頻度で利用しながら、どのような生活をしたいと考えているのかについてアセスメントの結果を記載する欄です。

利用者や家族の**主体的な生活への欲求**（介護や支援を受けつつ、どのような生活をしたいと望んでいるのか）と、**対応するサービス**が一体となり効果的な援助を可能とするため、サービス名称を記載することが多くなります。

しかし、本欄は、利用者が使っている（もしくは希望している）サービスの名称をただ記載するための欄ではありません。サービスを活用し、どのような生活をしたいと考えているのかを示すための欄です。つまり、生活の意向を個別・具体的に表現しましょう。

なお、サービス名称を記載する場合には、サービスが手段であることを意識するとともに、サービス優先アプローチと他者から勘違いされないように留意しましょう。

■関連 Q&A

全般：Q6、第 1 表：Q10、Q11、Q13 〜 Q16、Q21

頻度：★★★★★

Q13

標準様式の該当部分
「利用者及び家族の生活に対する意向」

「利用者及び家族の生活に対する意向」に、本人の発した言葉を使う理由は？

■ 回答

利用者の自立意欲を高め、積極的な意向が表明できるよう援助するために、利用者の発言を使用する。

■ 根拠法令等

運営基準第 13 条第 8 号、標準様式通知別紙 3 のⅣの 1 ⑬

■ 解説

ケアマネジャーは、利用者の希望とアセスメントの結果に基づきケアプラン原案を作成します。しかし、要介護状態となっている高齢者は、今の状態を受け入れることに精一杯で、生活の意向が消極的になっている場合もあります。

このような状況において、ケアマネジャーは、**利用者の自立意欲を高め、積極的な意向が表明できる**よう、利用者の発言を活用します。

本欄に利用者の発言（言葉）を記載することにより、以下の 2 点を満たし、利用者の積極的な意向の表明につなげやすくなるといわれています。

①介護保険の要であるケアマネジャーが、利用者自身の言葉を活用することで、**利用者の自己肯定感を高める**可能性があること

②利用者の言葉を受け止め、活用することで、利用者との信頼関係に基づいた**援助関係構築がスムーズ**になること

■ 関連 Q&A

全般：Q6、第 1 表：Q10 ～ Q12、Q14 ～ Q16

Q14　標準様式の該当部分
「利用者及び家族の生活に対する意向」

「利用者及び家族の生活に対する意向」の記載はこれでよいのか？
①本人「（発語なし）」

■ 回答

適切ではない。喋れるか喋れないかを書いたり、発した言葉だけを残したりするのではなく、生活の意向を記載する。

■ 根拠法令等

運営基準第 13 条第 8 号、標準様式通知別紙 3 のⅣの 1 ⑬

■ 解説

前問（Q13）で確認したとおり、利用者の発言を記載することは大きな意味があります。しかし、本欄は、" 生活の意向 " を記載するための欄です。喋れるか喋れないかを明確にするための欄ではありません。また、本問のような記載では、利用者の希望もアセスメントの結果もわかりません。

本欄には、発語がない場合だったとしても、利用者の表情、今までの生活、サービスを受けているときの状況や、家族からの聴き取りなどを総合したアセスメントの結果を記載します。

利用者が自分の意向を他者に伝えられないときなどには、ケアマネジャーがアドボケイト（権利擁護）機能をはたらかせ、**アセスメントの結果、利用者及び家族の生活の意向をどのようにとらえたのか**、宣言する気持ちで記載します。

相談面接の専門家として、また、利用者の権利擁護を一番近くで支える専門職として、本欄を有効に活用しましょう。

■ 関連 Q&A

全般：Q6、第 1 表：Q10 ～ Q13、Q15、Q16

頻度：★★★★★

Q15 標準様式の該当部分
「利用者及び家族の生活に対する意向」

「利用者及び家族の生活に対する意向」の記載はこれでよいのか？
②本人「訪問介護を使いたい」

■ 回答

適切ではない。希望するサービスを使ってどのような生活の意向を達成したいのかを記載する。

■ 根拠法令等

運営基準第 13 条第 8 号、標準様式通知別紙 3 のⅣの 1 ⑬

■ 解説

利用者や家族の主体的な生活への欲求（どのような生活をしたいと望んでいるのか）と、対応するサービスが一体となり効果的な援助を可能とするため、本欄には具体的なサービス名称を記載することが多くなります。

しかし、本欄は、サービス名称を書くための欄ではなく、サービスの利用も含めた「生活の意向」を記載する欄ですから、単なるサービス名称を記載するだけでは不十分です。

本問のように、利用者が「訪問介護を使いたい」しか言わなかった場合においても、“訪問介護を使って、**どのような生活をしたいと考えているのか**”（生活の意向）をアセスメントの結果から導き、記載する必要があるのです。

■ 関連 Q&A

全般：Q6、第 1 表：Q10 〜 Q14、Q16

Q16 標準様式の該当部分
「利用者及び家族の生活に対する意向」

「利用者及び家族の生活に対する意向」の記載はこれでよいのか？
③家族「本人には伝えていないが、施設に入ってほしい」

■ 回答

適切ではない。利用者と家族で共有していないことを、本欄に載せるべきではない。

■ 根拠法令等

運営基準第 13 条第 8 号、標準様式通知別紙 3 の Ⅳ の 1 ⑬、マニュアル第 1 表の質問 3

■ 解説

ケアプランは、介護（支援）の全体計画であると同時に、利用者の人生設計図です。つまり、利用者が理解、納得していない内容や、利用者に伝えていない内容を、関係者全員が目にするケアプランに記載することは不適切です。さまざまな事情などから第 1 表に記載できないが、重要な情報や内容については、第 5 表（居宅介護支援経過）等を活用し記載します。

本問のように、家族が「施設に入ってほしい」とする**発言の原因や背景**が、生活の意向となることも多いため、発言の奥にある家族の思いや心情を引き出せるよう、アセスメントを十分に行う必要があります。
「本人に伝えてはいないが、施設に入ってほしい」との家族の発言自体は、アセスメントシートや第 5 表に残したうえで、それぞれの家族の事情や思いを受け止め、本欄には利用者、家族ともに納得できる表現を模索しましょう。

■ 関連 Q&A

全般：Q6、第 1 表：Q10 〜 Q15、第 4 表：Q5、第 5 表：Q1

—— Column ——

家族が「施設に入ってほしい」という場合の原因や思い

　生活に対する意向欄には、介護する家族が言葉で表現した内容を面接により具体化し、ケアマネジャーと家族で合意したものを記載します。

　同じ「施設に入ってほしい」という言葉でも、その原因や背景は、一人ひとり異なります。介護する家族の思いを受け止め、言葉にせずにはいられなかった理由を引き出します。そのうえで、意向欄を記載する際には、個々の事情に合わせた適切な表現を心がけましょう。

「施設に入ってほしい」という発言の背景の違いなど

言葉	背景や思い	生活に対する意向欄の記載例
「施設に入ってほしい」	日中独居などで事故の危険性が高いことを心配している場合	「事故に気をつけながら生活をしてほしい」
	近隣への迷惑や負担を心配している場合	「顔なじみの皆さんと上手につき合いながら暮らしてほしい」 「昔からの近所づきあいを大切にしながら、生活してほしい」
	昼夜逆転している本人からの夜間の電話攻勢などの対応に疲れている場合	「朝起きて夜寝る昔からの生活習慣を取り戻してほしい」
	認知症等への対応で疲れ果て、利用者に攻撃をしてしまいそうになっている場合	「あたたかな支援を受けられる環境で、暮らしてほしい」 「皆に大切にされる生活をさせてあげたい」
	このまま悪くなるのでは…と不安が大きく、今よりも悪くなったら施設に預けるしかないと思っている場合	「今の状態を維持して、一緒に暮らしたい」 「今より具合が悪くならないよう、健康に気をつけて生活してほしい」

Q17 標準様式の該当部分 「介護認定審査会の意見及びサービスの種類の指定」

「介護認定審査会の意見及びサービスの種類の指定」には、何を書くのか？

■ 回答

被保険者証を確認し、「認定審査会の意見及びサービスの種類の指定」が記載されている場合には、これを転記する。

■ 根拠法令等

法第 73 条第 2 項、第 80 条第 2 項、標準様式通知別紙 3 の Ⅳ の 1 ⑭

■ 解説

本欄の記載要領には、「被保険者証を確認し、『認定審査会意見及びサービスの種類の指定』が**記載されている場合には、これを転記**する」と示されています。

指定居宅介護支援事業者は、被保険者証に認定審査会意見が記載されているときは、その意見に配慮して、指定居宅介護支援を提供するよう努めなければなりません（法第 80 条第 2 項）。

また、サービス事業者等は、被保険者証に認定審査会意見（サービスの適切かつ有効な利用等に関し被保険者が留意すべき事項）が記載されているときは、その意見に配慮して、サービスを提供するよう努めなければなりません（法第 73 条第 2 項）。

このため、ケアマネジャーは、利用者の被保険者証に、「認定審査会の意見及びサービスの種類の指定」が付されている場合には、これを**転記**し、こ**の内容に沿ったケアプランを作成**するとともに、**サービス担当者間の共通認識として確認**しておく必要があるのです。

■ 関連 Q&A

第 1 表：Q18

頻度：★★★☆

標準様式の該当部分

Q18 「介護認定審査会の意見及びサービスの種類の指定」

被保険者証の「認定審査会の意見及びサービスの種類の指定」が何も記載されていない場合にも、本欄を書かないとダメなのか？

■回答

被保険者証の記載を転記する欄のため、空欄でも構わないが、記載がなかった場合には、「なし」「特になし」などと記載するほうが望ましい。

■根拠法令等

運営基準第7条、第13条第24号、標準様式通知別紙3のIVの1⑭

■解説

前問で確認したとおり、被保険者証に「認定審査会の意見及びサービスの種類の指定」の記載がない場合には、**空欄で構わない**と考えられています。

しかし、事業者は被保険者証を確認する義務があり（運営基準第7条）、ケアマネジャーは、被保険者証に認定審査会意見の記載がある場合には、その趣旨を利用者に説明し、理解を得たうえでケアプランを作成する義務があります（同第13条第24号）。

つまり、**事業者とケアマネジャーの義務を適切に果たしていることが明確になる**よう、被保険者証の記載がない場合には、「なし」「特になし」などの**記載を残すほうが望ましい**でしょう。

また、記載について事業所内で統一し、保険者等の指示やルールがある場合（例：記載がない場合には「記載なし」と記載すること）などには、それに従いましょう。

■関連Q&A

第1表：Q17

Q19
標準様式の該当部分
「総合的な援助の方針」

「総合的な援助の方針」はどのタイミングで書くのか？

■ 回答

特に決まりはないが、第 2 表を記載してからのほうが書きやすい。

■ 根拠法令等

標準様式通知別紙 3 のIVの 1 ⑮、2 ①

■ 解説

「総合的な援助の方針」は、課題分析により抽出された、「生活全般の解決すべき課題（ニーズ）」に対応して、ケアマネジャーをはじめ各種のサービス担当者が、利用者の自立を援助するために、どのようなチームケアを行おうとするのか、ケアチーム全体が共有する**理念を含む援助の指針**を具体的に明らかにするために設けられています。

　つまり、本欄の内容は、「生活全般の解決すべき課題（ニーズ）」をまとめたような表現となるため、**第 2 表を記載してから**（目標、具体策を示したうえで）、「総合的な援助の方針」を記載したほうが、書きやすいと考えられています。

■ 関連 Q&A

　第 1 表：Q20 ～ Q25、第 2 表：Q2 ～ Q6

頻度：★★★★★

Q20 標準様式の該当部分
「総合的な援助の方針」「利用者及び家族の生活に対する意向」

「総合的な援助の方針」と「利用者及び家族の生活に対する意向」をどう書き分けるのか？

■ 回答

それぞれの記載要領に合わせて記載する。

■ 根拠法令等

標準様式通知別紙3のIVの1⑬、⑮、2①

■ 解説

「総合的な援助の方針」欄には、課題分析により抽出された、「生活全般の解決すべき課題（ニーズ）」に対応して、ケアプランを作成するケアマネジャーをはじめ各種のサービス担当者が、どのようなチームケアを行おうとするのか、総合的な援助の方針を記載します。

「利用者及び家族の生活に対する意向」欄には、利用者及びその家族が、どのような内容の介護サービスをどの程度の頻度で利用しながら、どのような生活をしたいと考えているのかについて課題分析の結果を記載します。

　言い換えれば、「総合的な援助の方針」は、**第1表〜第3表をつなぐための欄**のため、ケアプラン全体を見通した支援の目的や支援の全体像がみえるような内容を記載し、「利用者及び家族の生活に対する意向」は、**アセスメントとケアプランをつなぐための欄**ですから、アセスメントの結果を記載します。

■ 関連Q&A

　第1表：Q10、Q19、Q21〜Q25、第2表：Q2〜Q6

Q21

標準様式の該当部分
「総合的な援助の方針」

「総合的な援助の方針」にサービス名称を書いてはダメなのか？

■ 回答

ダメではないが、望ましくない（サービス名称を記載する必要性は少ない）。

■ 根拠法令等

標準様式通知別紙 3 の IV の 1 ⑮、2 ①

■ 解説

本欄は、アセスメントにより抽出された、「生活全般の解決すべき課題（ニーズ）」に対応して、ケアマネジャーをはじめ各種のサービス担当者が、利用者の自立を支援するために、どのようなチームケアを行おうとするのか、ケアチーム全体が共有する理念を含む援助の指針を具体的に明らかにするために設けられています。

つまり、本欄は、**ケアプラン全体の" 目的 "**を示す欄です。サービスは、目標を達成するための手段です。このため、目標が集合した目的を示す本欄に、**サービス名称を記載する必要はありません。**

" ケアプランに書いていけない言葉はない " といわれています。しかし、本欄にサービス名称を書く必要性は低く、また、サービス名称を記載することによって、関係者全員の目的という意識が下がってしまう危険性もあるため、不適切と判断されることもあるのです。

■ 関連 Q&A

第 1 表：Q12、Q19、Q20、Q22 〜 Q25、第 2 表：Q2 〜 Q6

頻度：★★★

Q22 標準様式の該当部分
「総合的な援助の方針」

「総合的な援助の方針」の望ましい語尾の表現は？

■ 回答

特に決まりはないが、利用者や家族が"自分ごと"として受け止めやすい表現を使う。

■ 根拠法令等

標準様式通知別紙3のIVの1⑮

■ 解説

本欄は、①利用者と家族、②サービス事業所、③ケアマネジャーの三者が、利用者の自立を援助するために、どのようなチームケアを行おうとするのか、ケアチーム全体が共有する理念を含む援助の指針が具体的に明らかになるよう記載します。

つまり、生活に対する利用者及び家族の意向を、援助職の立場からとらえ直したものであり、**ケアチーム全員の共通する目的**です。

このため、関係者全員が、"自分ごと"として、**主体的に受け止めやすい表現**を意識します。細かい部分に注目した質問ですが、利用者とその家族の状況や心情に配慮して、語尾まで意識することは大切だと考えます。

具体的には、以下のような表現が多い印象を受けています。

・××について、△△のように支援［いた］します

・●●について、○○となるようともに取り組みます

・□□に向けて、皆で力を尽くしていきましょう　　　など

■ 関連Q&A

第1表：Q19〜Q21、Q23〜Q25、第2表：Q2〜Q6

Q23
標準様式の該当部分
「総合的な援助の方針」

緊急連絡先を必ず書かないとダメなのか？

■回答

あらかじめ発生する可能性が高い緊急事態が想定されている場合には、対応機関やその連絡先等について記載することが望ましい。

■根拠法令等

標準様式通知別紙 3 のIVの 1 ⑮、マニュアル第 1 表の質問 5

■解説

「総合的な援助の方針」は、利用者の自立を支援するために、どのようなチームケアを行おうとするのか、ケアチーム全体が共有する理念を含む援助の指針を具体的に明らかにするために設けられています。

このため、「あらかじめ発生する可能性が高い緊急事態が想定されている場合には、対応機関やその連絡先等について記載することが望ましい」という一文も付されているのです。

つまり、**緊急事態が想定されない場合、緊急事態に対する利用者の理解・納得が得られていない場合、緊急連絡先として位置づけたい相手の同意が得られていない場合**などには、緊急連絡先の記載はできません。

緊急連絡先は書くものだと思い込み、漫然と記載するのではなく、どのような緊急事態が想定されるのか、それに対応するのは、どの機関等が望ましいのかを検討したうえで、記載しましょう。

■関連 Q&A

第 1 表：Q19 〜 Q22、Q24、Q25

頻度：★★★★

Q24

標準様式の該当部分
「総合的な援助の方針」

緊急連絡先には、主治医の氏名を書かなければいけないのか？

■回答

主治医の氏名を使う場合には、原則として、事前に主治医の了承を受ける。

■根拠法令等

個人情報の保護に関する法律（平成15年法律第57号）第2条、第16条、標準様式通知別紙3のIVの1⑮、マニュアル第1表の質問5

■解説

標準様式通知には、「あらかじめ発生する可能性が高い緊急事態が想定されている場合には、**対応機関**やその**連絡先**等について**記載することが望ましい**」とされています。

つまり、対応機関や連絡先とされていますが、主治医の氏名まで記載しなさいとは、示されていません。

また、通知は「記載することが望ましい」と規定しています。集団指導などにおいて、「本欄には、主治医の名前を記載しなければならない」などと指導している市町村等があると聞いたことがありますが、その考えは間違いです。

主治医の個人情報は主治医のものです。緊急時連絡先に、主治医の氏名まで記載する場合には、サービス担当者会議等で事前に主治医に必要性や利用目的等を説明し、同意を得ておく必要があるでしょう。

■関連Q&A

第1表：Q19〜Q23、Q25

Q25 標準様式の該当部分
「総合的な援助の方針」

「総合的な援助の方針」の見直しは、いつを目安に行うべきか？

■ 回答

生活全般の解決すべき課題（ニーズ）の変化に合わせて見直す。

■ 根拠法令等

標準様式通知別紙 3 の IV の 1 ⑮、2 ①

■ 解説

本欄は、利用者及びその家族の自立を阻害する要因や、問題の所在、自立に至る道筋を明らかにし、「生活全般の解決すべき課題（ニーズ）」の解決のための目標、具体策を示したうえで、記されます。

「総合的な援助の方針」及び「目標（長期目標・短期目標）」「援助内容（サービス内容、サービス種別等）」などは、**利用者及びその家族の状況の変動によって随時見直される必要がある**ことは当然です。

第 1 表は、ケアプランの顔といわれる、ケアプランのまとめ的な帳票です。第 2 表等に比べるとつくり直しの頻度は少ない印象ですが、一度つくれば終わる（半永久的に使える）ものではありません。

本欄については、**ニーズの内容や優先順位などの変化に合わせて**、適切な見直しが必要となるのです。

■ 関連 Q&A

第 1 表：Q19 ～ Q24、第 2 表：Q2 ～ Q6

頻度：★★★

Q26 標準様式の該当部分
「生活援助中心型の算定理由」

生活援助を使わない場合にも○を付すべきか？

■ 回答

ケアプランに生活援助中心型の訪問介護を位置づけない場合には、不要である。

■ 根拠法令等

「指定居宅サービスに要する費用の額の算定に関する基準」（平成12年厚生省告示第19号）別表の1の注3、標準様式通知別紙3のⅣの1⑯、マニュアル第1表の質問6

■ 解説

本欄は、介護保険給付対象サービスとして、ケアプランに生活援助中心型の訪問介護を位置づけることが必要な場合に記載します。

生活援助中心型の訪問介護は、利用者もしくは同居する家族もしくは親族（以下「家族等」）が生活援助を行うことが困難な場合にのみ算定が可能です（すべての利用者が自由に使えるサービスではありません）。利用者が**当該サービスを使えることを明確にする**ために本欄が作成されています。

つまり、生活援助中心型の訪問介護をケアプランに位置づけない場合には、本欄への記載の必要はありません。

■ 関連Q&A

第1表：Q27、Q28、第2表：Q17、Q21

Q27 標準様式の該当部分
「生活援助中心型の算定理由」

「2.家族等が障害、疾病等」を選択する事例のイメージは？

■ 回答

　家族等と同居している利用者であって、当該家族等の障害、疾病等の理由により、利用者または家族等が家事を行うことが困難である者の場合に選択する。

■ 根拠法令等

「指定居宅サービスに要する費用の額の算定に関する基準」（平成12年厚生省告示第19号）別表の1の注3、標準様式通知別紙3のIVの1⑯、マニュアル第1表の質問6

■ 解説

「2.家族等が障害、疾病等」は、「家族もしくは親族（以下「家族等」という。）と同居している利用者であって、当該家族等の障害、疾病等の理由により、当該利用者または当該家族等が家事を行うことが困難であるもの」の場合に、○を付します。

　家族等が疾病や障害等により家事を行うことが困難である場合、**要支援認定や要介護認定を受けている場合**、**障害者手帳を有している場合**などには、本選択肢に○を付します。

　老老介護や後期高齢者の親が要介護者の子を介護している場合など、明らかな疾病や障害とはいえず選択に悩んだ場合には、本選択肢を選択するか、「3.その他」を選択するか事業所内で相談したうえで、事例によっては保険者の助言を受けましょう。

■ 関連Q&A

　第1表：Q26、Q28、第2表：Q21

頻度：★★☆

Q28 標準様式の該当部分
「生活援助中心型の算定理由」

「3. その他」を選択する場合の留意点は？

■ 回答

やむを得ない事情で家事が困難な場合等については、「3. その他」に○を付し、その事情の内容について簡潔明瞭に記載する。

■ 根拠法令等

標準様式通知別紙3のIVの1⑯、マニュアル第1表の質問6

■ 解説

家族等と同居している利用者で、家族等に障害、疾病がない場合であっても、同様の**やむを得ない事情**により、家事が困難な場合等については、「3. その他」に○を付し、その事情の内容について（　）内に簡潔明瞭に記載します。

ただし、「3. その他」を選択する際には、担当のケアマネジャーだけで判断をせずに、事業所内で相談したうえで、やむを得ない事情と判断した根拠などについて、**事前に保険者に相談**をしたほうがよい場合もあります。

なお、介護家族による虐待などでも生活援助の算定は可能ですが、誰もがみるケアプランに「虐待」という表現はふさわしくありません。誰もが不愉快に感じず、そして、算定できることがわかるよう、表現しましょう。

【家族による介護放棄のため、生活援助が必要な場合の記載の例】
③その他（家族の介護力不足。令和○年1月20日保険者確認済み）

■ 関連 Q&A

第1表：Q26、Q27、第2表：Q21

Q29

標準様式の該当部分
署名欄（一：標準様式以外）

第1表の枠外に署名欄を作成するべきか？

■回答

標準様式には含まれていないが、説明、文書同意、交付が済んでいることを明確にするため、第1表の枠外に作成することが推奨される。

■根拠法令等

運営基準第13条第10号、第11号

■解説

ケアマネジャーは、利用者自身によるサービスの選択やサービス内容等への**利用者の意向の反映の機会を保障**するため、作成したケアプラン原案の内容について、利用者または家族に説明したうえで、**利用者の同意を文書**で得なければなりません（運営基準第13条第10号）。

この利用者の文書同意をもって、ケアプラン原案がケアプランとして確定します。

そして、ケアチーム全体の共通認識を図るためにケアマネジャーは、ケアプランを作成、変更した際には、利用者及び担当者に交付する義務があります（同第11号）。

なお、運営基準第13条第10号、第11号ともに、運営基準減算に該当する項目のため、適切に対応したことが明確になるよう、第1表の下の部分に署名欄を設け、**利用者等への説明、利用者からの文書同意、利用者への交付**の手順が適切に行われていることを明らかに示すことが望ましいのです。

■関連Q&A

全般：Q1、Q3、第1表：Q30 ～ Q33、第4表：Q6、第5表：Q5

頻度：★★★★★

Q30 標準様式の該当部分
署名欄（一：標準様式以外）

署名欄で示す文章の具体的な表現の例は？

■ 回答

ケアマネジャーが作成したケアプランについて、利用者への説明、文書同意、交付が明確になるよう工夫する。

■ 根拠法令等

運営基準第13条第10号、第11号

■ 解説

前問で確認したとおり、署名欄は、運営基準第13条第10号、第11号を満たしていること（**利用者等への説明、利用者からの文書同意、利用者への交付**）が明確になるよう、工夫します。

併せて、ケアマネジャーがケアプランをつくっていること、ケアプランに含まれる標準様式（**第1表～第3表、第6表、第7表**）のすべてを満たしていること、代筆を受ける可能性がある場合の代筆欄などについても、配慮をするとよいでしょう。署名欄の表現については、次ページのコラムも参照ください。

【適切な署名欄の表現の例】
居宅サービス計画[注1] について、説明を受け、同意し、受領しました[注2]

注1：「居宅サービス計画書第1表～第3表、第6表、第7表」や「居宅サービス計画書(1)(2)(3)(6)(7)」でもよい

注2：「交付を受けました」でもよい

■ 関連Q&A

全般：Q1、Q3、第1表：Q29、Q31 ～ Q33、第2表：Q34

望ましくない署名欄の文章の例とその理由

　望ましくない署名欄の文章の例とその理由を複数提示します。事業所で使っている第1表の署名欄を作成したり、見直したりする際の参考としてください。

望ましくない例1）居宅サービス計画の説明を受けました
望ましくない理由

　利用者から文書で得なければならない内容は、「同意」である（運営基準第13条第10号）。この記載では、文書で同意を得たことにはならず、望ましくない。

望ましくない例2）居宅サービス計画について同意します
望ましくない理由

　説明と交付については、「文書」で行う義務は法令上付されていないため、本例でも法令上の規定は満たしている。よって、署名欄を当該表現とし、説明、交付については、支援経過に残すことも可能だが、書類の管理が複雑化することなどから、説明、同意、交付はセットで署名欄に残したい。

望ましくない例3）上記サービス計画について、説明を受け、同意し、受領しました
望ましくない理由

　居宅サービス計画（ケアプラン）とは、標準様式の居宅サービス計画書第1表〜第3表、第6表及び第7表を指す（解釈通知第二の3（7）⑩）。「上記」とすることにより、「第1表」のみに限定され、第2表、第3表、第6表、第7表の説明、同意、交付の証拠が残せなくなってしまうため望ましくない（運営基準第13条第10号、第11号）。

望ましくない例4）居宅サービス計画書第1表〜第3表について、説明を受け、同意し、受領しました
望ましくない理由

　例3）と同様で、この表現では、第6表、第7表に関する説明、同意、交付の証拠が残せないため、望ましくない。

望ましくない例5）上記事業所が作成した居宅サービス計画について、説明を受け、同意し、受領しました

望ましくない理由

ケアプランの作成は、事業所や施設が行うものではない。ケアプラン原案、ケアプランともに、作成、説明、文書同意、交付は、ケアマネジャーが行う義務がある（運営基準第13条第8号、第10号、第11号）。このため、事業所を主語に据えた表現は、望ましくない。

望ましくない例6）居宅サービス計画について、十分説明を受け、合意し、受領しました

望ましくない理由

説明、同意、交付のうち、同意については、「文書により」得なければならない（運営基準第13条第10号、第11号）。

このため、文書によることが規定されていない、「説明」を「十分な説明」「解説」「解釈」などに変更することや、「交付」を「受領した」などの表現にすることは可能だが、文書によることが規定されている同意については、"納得のうえ"や"合意"などの別の文言や表現を使わずに、「同意」のままにしておこう。

望ましくない例7）居宅サービス計画について、受領し、説明を受け、同意します

望ましくない理由

ケアプラン原案をケアプランとする手順等は、説明⇒文書同意⇒交付の順である（運営基準第13条第10号、第11号）。

この手順を通じて、利用者自身によるサービスの選択やサービス内容等への利用者の意向の反映の機会を保障し、作成したケアプランで、ケアチーム全体の共通認識を図ることができる。

介護保険法令で定められている重要事項説明書を介した契約行為（運営基準第4条第1項）の文書交付⇒説明⇒同意とは順番が異なるため、注意が必要である。

Q31
標準様式の該当部分
署名欄（一：標準様式以外）

家族等が署名を代筆する際の留意点は？

■ 回答

利用者が理解・納得してサービスに同意したことを残す。

同意欄には、利用者の氏名を記し、代筆者欄に代筆者の氏名も残し、代筆であること（利用者の署名ではないこと）を明らかにする。

■ 根拠法令等

運営基準第 13 条第 10 号、解釈通知第二の 3（7）⑩

■ 解説

介護保険は、「自立支援」が理念であり、「利用者主体」を成り立たせるための制度ですから、あくまでも**本人の文書同意**が求められます。このため、文書同意にあたっては、原則として自筆で行い、代筆により文書同意を得る場合にも、利用者の理解・納得を得ていることが条件になります。

これらから、代筆の際には、利用者の氏名を記していただき、代筆者がいること、その続柄等が明らかになるよう、代筆欄に記載するなどの工夫も求められます。

併せてここで確認したいことが、**署名と記名の違い**です。**署名とは、本人が自筆で氏名を手書きすること**です。**記名とは、署名以外の方法で氏名を記載すること**（例えば、他者による代筆、ゴム印を押したもの、ワープロで印刷する場合など）を指しています。

なお、署名や記名を、法的な効力の高い順に並べると次のようになります。

"署名＋捺印" ＞ "署名" ＝ "記名＋押印" ＞ "記名"

　つまり、記名だけでは本人かどうかの確証を得られにくいため、記名に印鑑を押すことで、本人を示す証拠を補強しているのです。

　ただし、"署名"と"記名+押印"は、法律上は同等とみなされますが、記名の主な問題点として、①偽造が可能、②本人の意思によることの確認がしにくい、③署名と比べ、証拠能力が著しく低いことが挙げられています。一般的には、**署名のほうが勝る**ともいわれているため、自署が可能な人には署名を優先しましょう。

　家族等による代筆の記名と押印で文書同意を受ける際には、他の担当者も同席する場で依頼することにより、ケアマネジャーが強要したり、利用者の意向を無視したりしていないことが明らかになり、後日のトラブル等を回避できます。

　なお、"署名"は効力が高いので、法的には、署名だけでも契約は有効と考えられており、利用者の署名に捺印を求める必要はありません。

　しかし、署名に捺印することが禁止されているわけではありませんので、署名の横に捺印を受けてもよいでしょう。

署名欄に代筆者欄を設ける場合の例

> 居宅サービス計画について、説明を受け、同意し、受領しました
>
> 　利用者氏名 _____ ㊞
>
> 利用者は、心身の状況等により署名ができないため、利用者の意思を確認のうえ、利用者に代わり代筆しました
>
> 　代筆者署名 _____ 　（続柄：　　　　　　　）

■ 関連 Q&A

　第1表：Q29、Q30、Q32、Q33、第2表：Q34

頻度：★★★★★

Q32 標準様式の該当部分
署名欄（一：標準様式以外）

> 自署ができない人で家族等がいない場合などに、ケアマネジャーがパソコン等で記名のうえ、押印をしてもよいか？

■ 回答

不適切である。倫理的にも望ましくないため、ケアマネジャーによる記名は避ける。

■ 根拠法令等

運営基準第13条第10号、解釈通知第二の3（7）⑩

■ 解説

パソコン等を使い利用者氏名を記載し（記名）、押印も一緒に受けられれば、署名と同様の効力が発生します。しかし、ケアマネジャーがパソコン等で記名する行為は、なぜ利用者の文書同意を得るのか？　というケアマネジメントの根本を見失った不適切極まりない行為です。

解釈通知第二の3（7）⑩に示されているとおり、利用者に選択を求めることは介護保険制度の基本理念であるため、ケアプラン原案の作成にあたって、これに位置づけるサービス等についても利用者の希望を尊重することとともに、作成されたケアプランの原案についても、**最終的には、その内容について説明を行ったうえで文書によって利用者の同意を得ること**を義務づけることにより、利用者によるサービスの選択やサービス内容等への利用者の意向の反映の機会の保障をします。

つまり、利用者等にケアプラン原案を説明し理解を得てから、利用者から文書同意を受け、ケアプランが確定するという手順です。このため、ケアマネジャーが作成したケアプラン原案に、ケアマネジャーがパソコンで記名することは、利用者に説明をする前に同意欄を作成した（不適切な手順を踏んだ）証拠が残ってしまいます（説明の後にパソコンで記名した場合でも、その手順や経緯は書面からは把握できません）。

　また、利用者の文書同意を得る理由は、先の通知に示されていたとおり、ケアプラン原案の内容を**最終決定する**という意味です。ケアプラン原案の作成者であるケアマネジャーが、署名欄に記名するということは、利用者の自己決定機会をケアマネジャーが妨げた証拠にもなります。

　ケアマネジメントの手順（流れ）が不適切、かつ、利用者の自己決定を阻む行為という二つの面から、署名欄をケアマネジャーが記名すべきではなく、書類がそれを裏づけるパソコン等での記名は特に望ましくありません。

　ケアマネジャーは、利用者をアドボケイト（権利擁護）することが役割です。このため、ニーズを導く際などにも、利用者の代弁をしながら丁寧に対応しています。しかし、署名欄については、" このケアプラン原案でよい " ということを決定する作業ですから、ケアプラン原案の作成者であるケアマネジャーが代筆をするのではなく、他者に依頼すべきです。署名の難しい人については、サービス事業所等に同席を求め、利用者の理解・納得を確認のうえ、代筆を依頼しましょう。

　介護保険制度は、利用者の**自立支援**と**利用者主体**を理念としているため、利用者とサービス事業所が対等な関係を保つためにも契約が重要で、利用者自身が取り組むことを明記したケアプランを自己決定・自己選択してもらうことが大原則となっています。

　このため（反対に）、認知機能の著しい低下などにより、意思決定や伝達が困難な人や、同意等の確認が難しい利用者への対応の検討が不十分だともいわれています。

　ケアマネジャーは、認知症だからできないと決めつけることはせず、利用者の思いを汲み取るよう丁寧にかかわります。そして、文書による利用者の同意を得ることが難しい場合などについては、成年後見人等がいる場合には、まずは成年後見人等に丁寧に説明し、署名を依頼します。代理権を有する人がいない場合は、家族が担うことが望ましいと一般的にはいわれています。

■ 関連 Q&A

　第 1 表：Q29 〜 Q31、Q33、第 2 表：Q34

Q33

標準様式の該当部分
「作成年月日」「居宅サービス計画作成（変更）日」「署名欄」

「作成年月日」「居宅サービス計画作成（変更）日」「署名欄」の日付は
そろえるべきか？

■ 回答

それぞれの記載のルールに従って記載する。日付がそろっていたほうが、
管理は容易だが、そろわない場合もある。

■ 根拠法令等

運営基準第13条第10号、標準様式通知別紙3のⅣの1⑥

■ 解説

確認してきたとおり、「作成年月日」は、記載要領が示されておらず（第
1表：Q1）、「居宅サービス計画作成（変更）日」は、日付が一緒となる場
合でも新規の場合と変更の場合で考え方が異なり（第1表：Q2、Q3）、「署
名欄」は、標準様式ですらありません（第1表：Q29〜Q32）。

それぞれの記載のルールに沿って日付を書くことになるため、**日付をそろ
えるかどうかに関する規定はありません。**

しかし、日付を統一させることにより書類管理がスムーズとなるなどの理
由から、原則として三つの日付をそろえるよう指導している保険者等もあり
ます。

まずは、第1表の三つの日付の基本的な考え方について、事業所内で統
一するとともに、保険者等の指示やルールがある場合（例：必ず三つの日付
をそろえること、原則として三つの日付はルールどおり正確に記載すること）
などには、それに従いましょう。

■ 関連Q&A

第1表：Q1〜Q3、Q29〜Q32

第3章

第2表
居宅サービス
計画書（2）

　第2表は、アセスメントで導いた「生活全般の解決すべき課題（ニーズ）」を実現するために、利用者の取り組む具体的な「目標」を提案し、その目標を達成するために適切な「サービス」を位置づけます。

　利用者の現在の生活の全体像とそれを支えるサービスなどの具体的な手順の双方をみることができるため、"ケアプランの中核（コア）"とも呼ばれる帳票です。

　利用者らしさの変化の有無、サービス提供によってもたらされた利益や家族の意識の変遷等、モニタリングに有効活用することも意識して作成できるよう、記載のルールを確認しましょう。

第2表　　　　　　　　　　　　　　　　　　　　　居宅サービス

利用者名　　　　　　殿

生活全般の解決 すべき課題 （ニーズ）	目標			
	長期目標	（期間）	短期目標	（期間

利用者の自立を阻害する要因等
であって、個々の解決すべき課題
（ニーズ）についてその相互関係
をも含めて明らかにし、それを解
決するための要点がどこにあるか
を分析し、その波及する効果を予
測して、原則として優先度合いが
高いものから順に記載します。

「長期目標」は、基本的には個々の解決すべき課題に対応し
て設定するものです。
ただし、解決すべき課題が短期的に解決される場合やいく
つかの課題が解決されて初めて達成可能な場合には、複数
の長期目標が設定されることもあります。
「短期目標」は、解決すべき課題及び長期目標に段階的に対
応し、解決に結びつけるものです。
緊急対応が必要になった場合には、一時的にサービスは大き
く変動しますが、目標として確定しなければ「短期目標」を設
定せず、緊急対応が落ち着いた段階で、再度「長期目標」「短
期目標」の見直しを行い記載します。
なお、抽象的な言葉ではなく誰にもわかりやすい具体的な
内容で記載することとし、かつ目標は、実際に解決が可能と
見込まれるものでなくてはなりません。

「長期目標」の「期間」は、「生活全般の解決すべき課題（ニーズ）」を、いつまでに、どのレベルまで解
決するのかの期間を記載します。
「短期目標」の「期間」は、「長期目標」の達成のために踏むべき段階として設定した「短期目標」の達成
期限を記載します。
また、原則として開始時期と終了時期を記入することとし、終了時期が特定できない場合等にあって
は、開始時期のみを記載する等として取り扱って差し支えないものとされています。
なお、期間の設定においては「認定の有効期間」も考慮するものとされています。

※1　「保険給付の対象となるかどうかの区分」について、保険給付対象内サービスについては○印を
※2　「当該サービス提供を行う事業所」について記入する。

66

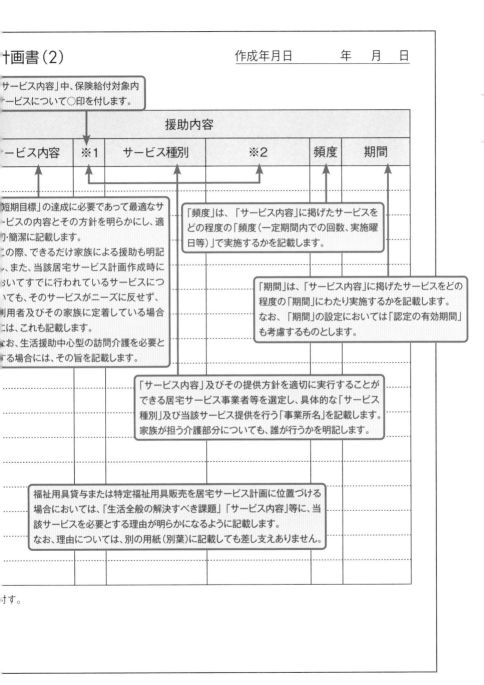

第2表（34）

- **Q1** 第2表の「作成年月日」の日付はいつを書くべきなのか？
- **Q2** 「生活全般の解決すべき課題（ニーズ）」の定義は何か？
- **Q3** 利用者が「○○したい」と言った場合には、その言葉をそのまま書けばよいのか？
- **Q4** 「生活全般の解決すべき課題（ニーズ）」は、"○○したい"と書かないといけないのか？
- **Q5** 「生活全般の解決すべき課題（ニーズ）」は、細かく表現するのか？　大まかに書くのか？
- **Q6** 「生活全般の解決すべき課題（ニーズ）」の優先順位は、どうやって決めるのか？
- **Q7** 「目標」は、どうやって設定するのか？
- **Q8** 「目標」を「長期目標」と「短期目標」に分けるのはなぜか？
- **Q9** 「長期目標」は、どう記載すればよいのか？
- **Q10** 「短期目標」は、どう記載すればよいのか？
- **Q11** 「短期目標」を設定しなくてよい、"緊急対応が必要になった場合"とは、どのような場合なのか？
- **Q12** 「長期目標」「短期目標」に「期間」があるのはなぜか？
- **Q13** 個々の「目標」の「期間」は、統一したほうがよいのか？
- **Q14** 「目標」の「期間」は、どのように記載するのか？
- **Q15** 「長期目標」と「短期目標」の「期間」が同じでもよいのか？
- **Q16** 「長期目標」の「期間」を、認定の有効期間のすべての期間（24か月、36か月など）で設定してもよいのか？
- **Q17** 「サービス内容」の記載のルールは？
- **Q18** 「サービス内容」の具体的な書き方は？
- **Q19** 「サービス内容」に、具体的な加算名称を書くべきか？

Q20 「サービス内容」に、利用者自身が行うことや家族が行う援助の内容は位置づけるべきか？

Q21 「サービス内容」に、生活援助中心型を位置づける際の書き方は？

Q22 福祉用具貸与または特定福祉用具販売をケアプランに位置づける際の記載のルールは？

Q23 「保険給付の対象となるかどうかの区分（※1）」がある理由は？

Q24 「保険給付の対象となるかどうかの区分（※1）」の書き方は？

Q25 訪問看護等の医療保険から提供されるサービスについては、第2表への位置づけはどうすればよいのか？

Q26 「サービス種別（※2を含む）」の書き方は？

Q27 「サービス種別（※2を含む）」に家族を位置づける場合の留意点は？

Q28 なぜ「頻度」の記載が必要なのか？

Q29 「頻度」には、回数ではなく、曜日を書かないといけないのか？

Q30 援助内容（サービス）の「期間」は、いつまで設定が可能なのか？

Q31 援助内容（サービス）の「期間」は、○か月と書くのか？　○年○月○日〜○年○月○日と書くのか？

Q32 援助内容（サービス）の「期間」は、「短期目標」の「期間」に合わせないとダメなのか？

Q33 利用者の希望による軽微な変更の場合は、現在使用しているケアプランに上書きをしてよいのか？

Q34 「短期目標」の「期間」の終了に際して、利用者の希望による "軽微な変更" で、「長期目標」の「期間」まで「短期目標」の「期間」を延長する場合はどのように取り扱うのか？

Q1 標準様式の該当部分
「作成年月日」

第2表の「作成年月日」の日付はいつを書くべきなのか？

■ 回答

第2表を作成した年月日を記載する（考え方は、第1表と同様）。

■ 根拠法令等

なし（参考：「介護サービス計画書（ケアプラン）様式の一部改正についてのQ&A」全国高齢者保健福祉・介護保険担当課長会議資料（平成16年2月19日））

■ 解説

第1表Q1で確認したとおり、「作成年月日」は、利用者とケアマネジャーの共通認識の時点を明らかにし、ケアプランの管理を徹底するため、2003（平成15）年にすべての標準様式に追加されました。

このため、管理がしやすい日付である、ケアプラン原案の作成日、ケアプランの作成日、サービス担当者会議の開催日、利用者に説明した日、ケアプランの文書同意を受けた日のいずれかを記載する事業所やケアマネジャーが多い印象を受けています。また、連動した帳票と考えられている第1表〜第3表の管理を徹底するためにも、第1表〜第3表の作成年月日については、同一の日付を記載することが一般的です。

ただし、どの日を作成年月日の基本的な日付にするか、事業所内で統一するとともに、保険者等の指示やルールがある場合（例：ケアプランの同意日と合わせること）などには、それに従いましょう。

■ 関連Q&A

第1表：Q1、第2表：Q33、Q34、第3表：Q3、第4表：Q1

頻度：★★★★★

Q2 標準様式の該当部分
「生活全般の解決すべき課題（ニーズ）」

「生活全般の解決すべき課題（ニーズ）」の定義は何か？

■ 回答

　利用者が可能な限り自立した生活を営めるよう、利用者自身が取り組むこと（行為や行動）である。

■ 根拠法令等

　標準様式通知別紙3のIVの2①、マニュアル第2表の質問1、3、4

■ 解説

「生活全般の解決すべき課題（ニーズ）」を把握することは、居宅介護支援の最初の段階であり、利用者の自立支援のために必要不可欠とされながら、ニーズに関する法令通知上の定義は、明確にされていません。

　しかし、標準様式通知（別紙3のIVの2①）には、「生活全般の解決すべき課題（ニーズ）」欄ができた「理由」が示されていますので、こちらを使い確認していきます。

　ケアプランは、介護や支援を受けながらも家庭や地域社会において可能な限り自立した生活を営むことができることを目的として作成します。このため、利用者及びその家族のニーズは、介護の問題のみにとどまらず生活全般にわたることもあります。

　アセスメントにおいては、処遇困難、介護問題と大きくまとめられて語られたり、表出したりしている状況について、原因、背景、根拠などの詳細な情報を収集し、**利用者と家族を取り巻く現状**（自立の阻害要因）と、その現状を利用者や家族がどのように認識しているか（**現状認識**）を明らかにしていきます（分析）。これにより、**問題点**を明確化したうえで、現状と現状認識の間にある溝（ギャップ）等を利用者とともに共有し、この溝を埋めるための**本人の取組み**がニーズだと考えられています。

71

現状も現状認識もさまざま、問題点の在りかも人それぞれです。すなわち、それを理解・整理・把握したうえで導かれるニーズ（本人の取組み）は、一人ひとり異なるものだと考えられているのです。

「安心して暮らしたい」はニーズではありません。なぜならば、健康状態や要介護度にも関係なく、誰しもが（全員に）使える個別性がない文言だからです。安心して暮らすために**本人自身が具体的に何に取り組むのか？**　一人ひとり異なるものがニーズなのです。

　なお、現状と現状認識が乖離していない利用者等のニーズの設定については、現状等と望む暮らしの間にある溝（ギャップ）を埋めるための取組みを考えます。こちらについては、第2表Q3を参照ください。

図3-1 現状と現状認識が乖離している場合のニーズ設定

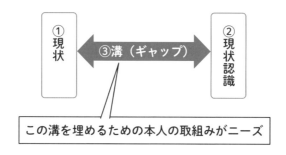

出典：後藤佳苗『だいじをギュッと！　ケアマネ実践力シリーズ　ケアプランの書き方　押さえておきたい記入のポイント』中央法規出版, p.69, 2018. を一部改変

■関連 Q&A

　第1表：Q19 〜 Q22、Q25、第2表：Q3 〜 Q6

頻度：★★★★★

Q3 標準様式の該当部分 「生活全般の解決すべき課題（ニーズ）」

利用者が「○○したい」と言った場合には、その言葉をそのまま書けばよいのか？

■ 回答

利用者の言葉がニーズの場合はそのまま書くが、デマンド（要望）の場合には、リアルニーズを導き記載する。

■ 根拠法令等

標準様式通知別紙3のⅣの2①、マニュアル第2表の質問1、4

■ 解説

「生活全般の解決すべき課題（ニーズ）」の記載においては、利用者の取組み意欲や自己肯定感を高めるために、「○○したい」という表現が望ましい場合が多くなりますが、利用者等が発言する「○○したい」のすべてがニーズではなく、**デマンド（要望）**や**手段**も含まれています。

ケアマネジャーは、利用者や家族の要望等をもとに、リアルニーズを導けるようはたらきかけます。

例として入浴ができていない利用者がいて（現状）、入浴する必要性を感じている（現状認識）利用者や家族が、「お風呂に入りたい」と発言したとしましょう。

ケアマネジャーは、このときすぐに、第2表のニーズに「お風呂に入りたい」と位置づけるのではなく、なぜ入浴ができていないのか？　「お風呂に入りたい」と発言した理由は何か？　その**原因**や**背景**、**目指す方向**などの利用者等の心のなかにある思いなどが、ニーズになることが多いのです。

お風呂に入り清潔になることで、「**家族との団らんを発病前と同様に楽しみたい**」のかもしれません。お風呂に入り、血行をよくすることで、「**身体をもっと楽に動かしたい**」と思っているのかもしれません。毎日のお風呂が一日の締めくくりだった人の場合、「**日課を取り戻し、生活を元に戻したい**」

73

と思っているのかもしれません。「お風呂に入りたい」という要望（発言）は一緒でも、その背景や望む暮らしは一人ひとり異なるはずです。また、本来、入浴は"**手段**"です。利用者の取組みであるニーズとなることは少ないでしょう。

　現状と現状認識が乖離していない利用者等が、「○○したい」という発言をした場合には、そうすることによって、①どのような**現状を改善・打破**したいのか？　②どのような**未来を獲得**したいのか？　③似たような状況の場合に、以前は**どのように対応（解決）してきた**のか？　など、現在・過去・未来の利用者の暮らしを掘り下げていきます。この作業を行うことで利用者等の望む暮らしと、現状の間にあるギャップを明らかにし、デマンド（要望）からリアルニーズを導いていきましょう。

図3-2　現状と現状認識が乖離していない場合のニーズ設定

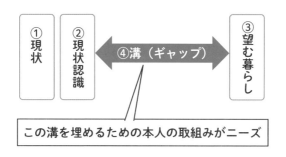

出典：後藤佳苗『だいじをギュッと！ ケアマネ実践力シリーズ　ケアプランの書き方　押さえておきたい記入のポイント』中央法規出版, p.69, 2018. を一部改変

■ 関連 Q&A
　第1表：Q19 〜 Q22、Q25、第2表：Q2、Q4 〜 Q6

頻度：★★★★★

Q4 標準様式の該当部分
「生活全般の解決すべき課題（ニーズ）」

「生活全般の解決すべき課題（ニーズ）」は、"○○したい"と書かないといけないのか？

■回答

決まりはない。しかし、利用者の取組み意欲や自己肯定感を高めるために、「○○したい」という表現が望ましい場合が多い。

■根拠法令等

標準様式通知別紙3のIVの2①、マニュアル第2表の質問3

■解説

ケアプランの具体的な記載例や表現については、法令等には明示されておらず、利用者が理解、納得しているならば、ケアプランに書いてはいけない言葉はないといわれています。

しかし、ケアプランは、その達成により、介護や支援を受けながらも家庭や地域社会において可能な限り自立した生活を営むことができることを目的として作成するものですから、**利用者の自立意欲を高め、利用者自身の積極的な関与が得られるような工夫**が必要になります。

このため、ニーズの記載においても、利用者の取組み意欲や自己肯定感を高めるために、「○○したい」という表現が望ましい場合が多くなるのです。

ただし、利用者自身が現状等を受容できていない場合等には、問題点に近い表現（「○○できない」）となることもあるでしょう。実際の表現については、利用者等とケアマネジャーで相談のうえ、合意しながら決定する必要があるでしょう。

■関連Q&A

第1表：Q19〜Q22、Q25、第2表：Q2、Q3、Q5、Q6

Q5 標準様式の該当部分
「生活全般の解決すべき課題（ニーズ）」

「生活全般の解決すべき課題（ニーズ）」は、細かく表現するのか？
大まかに書くのか？

■ 回答

決まりはない。しかし、利用者の自尊心を傷つけず、自己肯定感を高めるために、原因や状況、問題点などは書かず、ニーズだけを端的に記載する。

■ 根拠法令等

運営基準第1条の2、第12条、標準様式通知別紙3のⅣの2①、マニュアル第2表の質問1、3

■ 解説

先に確認したとおり、「生活全般の解決すべき課題（ニーズ）」を明確にするためには、利用者と家族を取り巻く**現状**と利用者と家族の**現状認識**が明らかにされていることが必要です。

このため、ニーズの導き方を平面図で示すと、①原因⇒②障がいや状況（以下「障がい等」）⇒③問題点⇒④生活課題（ニーズ）となります。

図3-3 ニーズの導き方（平面図）

①原因 ➡ ②障がい等 ➡ ③問題点 ➡ ④生活課題（ニーズ）

つまり、①原因、②障がい等、③問題点が、ニーズを導いた根拠となるのです。この①～③については、アセスメントシートに残したうえで、サービス担当者会議で共有しますが、第2表のニーズ欄には原則として**記載しません**。

①～③も書いたほうが、担当者やケアプランを確認する第三者等には、ニー

ズの根拠や意味、このような表現となった経緯などがわかりやすいでしょう。しかし、利用者本人が一番理解しており、かつ、利用者の力ではどうにもならないことを、利用者の取組み（ニーズ）として書くことにより、**利用者の自尊心を傷つけ、自己肯定感を下げてしまう危険性**もあるのです。

　一部の市町村職員等が、ケアプラン点検や実地指導等で「具体的に書いたほうがわかりやすいです」などと助言する場合や、事例検討を担当する著名な先生が、「詳細に書くべきだ」などと言ってくる場合などもあると聞きます。

　しかし、そのような場合においても、担当のケアマネジャーとして「それはできません。その理由は利用者の自尊心を守るためです」などと丁寧に説明し、利用者の自立支援のためにあえて記載していないことについて理解を得ていきます。ケアプランの記載においても、**利用者の権利を擁護する**ことがケアマネジャーの役割の一つといえるのです。

図3-4 末期がんによるがん性疼痛で夜間眠れず、日中の活動性と QOL が低下している人のニーズの導き方と記載例

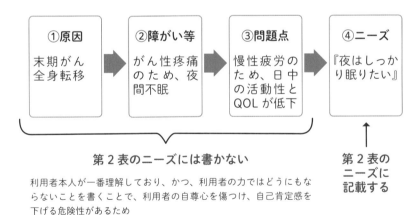

第2表∶Q5

■ **関連 Q&A**

　第１表：Q19 〜 Q22、Q25、第２表：Q2 〜 Q4、Q6

Q6 標準様式の該当部分
「生活全般の解決すべき課題（ニーズ）」

「生活全般の解決すべき課題（ニーズ）」の優先順位は、どうやって決めるのか？

■回答

ニーズは複数の連動した相互関係をもつため、その波及する効果を予測して優先順位を決める。

■根拠法令等

標準様式通知別紙 3 のIVの 2 ①、マニュアル第 2 表の質問 2

■解説

多くの場合、「生活全般の解決すべき課題（ニーズ）」は、複数の連動した相互関係をもつため、全体の解決を図るためには緻密なプログラムが必要となります。

ケアマネジャーは、利用者の自立を阻害する要因等の相互関係を構成する個々のニーズについて明らかにし、それを**解決するための要点がどこにあるかを分析**し、その**波及する効果を予測して優先順位を決めていきます。**

介護保険制度開始当初には、「医療ニーズがある場合には、必ず最優先とすること」「マズローの 5 段階欲求説に沿って、ニーズの優先順位をつけること」などと口にする行政職等もいましたが、現在は、利用者とケアマネジャーで話し合い、ニーズの優先順位を決めていくとする考え方が一般的です。

なお、アセスメントの結果等から、優先順位が高くなりやすい課題等として、次のようなものが挙げられます（順不同）。

・生命の危険がある場合　・虐待（疑いを含む）などにより、本人の尊厳が脅かされている場合　・状態の悪化を防ぐために必要な課題　・本人の動機づけとなる課題　・本人の取組み意欲を生む課題　・改善の効果が見込まれる課題　・悪循環をつくり出す原因となっている課題

ただし、ニーズの優先順位は絶対的（半永久的）なものではなく、モニタリングや再アセスメントの結果、必要に応じて見直しを行う必要があります。

■ 関連 Q&A

第 1 表：Q19 ～ Q22、Q25、第 2 表：Q2 ～ Q5

第2表：Q6

─ Column ─

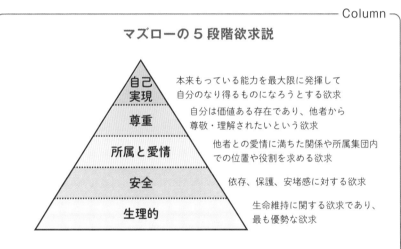

マズローの5段階欲求説

- 自己実現：本来もっている能力を最大限に発揮して自分のなり得るものになろうとする欲求
- 尊重：自分は価値ある存在であり、他者から尊敬・理解されたいという欲求
- 所属と愛情：他者との愛情に満ちた関係や所属集団内での位置や役割を求める欲求
- 安全：依存、保護、安堵感に対する欲求
- 生理的：生命維持に関する欲求であり、最も優勢な欲求

出典：後藤佳苗『だいじをギュッと！ ケアマネ実践力シリーズ ケアプランの書き方 押さえておきたい記入のポイント』中央法規出版, p.66, 2018. を一部改変

　人間は、下位の欲求を満たして初めて上位の欲求を満たしたくなる生き物であり、最終的に最上位の欲求である自己実現の欲求を満たしたくなるという説です。

　すべての人に当てはまる説ではありませんが、利用者の権利擁護と事故予防の両内容がケアプランにバランスよく位置づけられているかを確認する際の参考にできます。

Q7　標準様式の該当部分
「目標（長期目標・短期目標）」

「目標」は、どうやって設定するのか？

■ 回答

「目標」は、「生活全般の解決すべき課題（ニーズ）」に対応して、実際に解決が可能と見込まれるものを設定する。

■ 根拠法令等

標準様式通知別紙 3 の IV の 2 ②

■ 解説

「目標（長期目標・短期目標）」は、**自立支援の中核**をなすものです。利用者及び家族とともに行ったアセスメントから導き出した「生活全般の解決すべき課題（ニーズ）」に対応し、一定期間後に達成できる**実現可能な仮説**である「目標」を立てることが重要になります。

「目標」のうち、「長期目標」は、基本的には個々のニーズに対応して設定し、ニーズが短期的に解決される場合やいくつかの課題が解決されて初めて達成可能な場合には、複数の長期目標を設定することもあります。

「短期目標」は、ニーズ及び長期目標に段階的に対応し、解決に結びつけるものです。

　なお、目標は、抽象的な言葉ではなく誰にもわかりやすい**具体的な内容**で記載し、かつ、**実際に解決が可能**と見込まれるものを設定します。

■ 関連 Q&A

　第 2 表：Q8 ～ Q11

頻度：★★☆

Q8 標準様式の該当部分
「目標（長期目標・短期目標）」

「目標」を「長期目標」と「短期目標」に分けるのはなぜか？

■ 回答

　ニーズを達成するためには、綿密な計画的支援を段階的に行うことが必要となるためである。

■ 根拠法令等

標準様式通知別紙3のⅣの2②

■ 解説

　通常、「生活全般の解決すべき課題（ニーズ）」の達成は、段階的に行われるものと考えられ、綿密な計画的支援の積み重ねが必要となります。「目標」を、「長期目標」と「短期目標」に区分するのはこのためです。

　したがって、**「長期目標」を達成するための各段階を「短期目標」として明確化し、計画的支援に結びつける**ことが「目標」のねらいです。

　すなわち、必要な「サービス内容」は、主として「短期目標」に対応して導き出されるため、明確な「短期目標」が設定されなければ必要な「援助内容」やその援助方針を明らかにできないこととなります。

　長期目標は、ニーズと短期目標をつなぐ大きな目標であり、短期目標は、長期目標とサービスをつなぐ具体的な目標というイメージをもつとよいでしょう。長期目標と短期目標の考え方と記載については、第2表 Q9、Q10も確認してください。

■ 関連 Q&A

　第2表：Q7、Q9 〜 Q11

Q9 標準様式の該当部分
「目標（長期目標・短期目標）」

「長期目標」は、どう記載すればよいのか？

■ 回答

　利用者自身が、ニーズごとに支援を受けながら、自分自身も努力する到達点として、具体的にわかりやすく記載する。

■ 根拠法令等

　標準様式通知別紙 3 のⅣの 2 ②、マニュアル第 2 表の質問 5

■ 解説

「長期目標」は、原則として、個々のニーズに対応して設定します。そして、抽象的な言葉ではなく誰にもわかりやすい具体的な内容で記載し、実際に解決が可能と見込まれる目標を設定しなければなりません。

　すなわち、「長期目標」は、「生活全般の解決すべき課題（ニーズ）」の達成に向けて、具体的に取り組む内容である**「短期目標」が一つずつ解決できた結果（ゴール）**ともいえるものです。

　利用者と家族が、ニーズごとに周囲の支援を受けながら、**自分たちも努力する到達点**（具体的に達成すべき結果）としてイメージができるよう、わかりやすい記載や表現を心がけましょう。

■ 関連 Q&A

　第 2 表：Q7、Q8、Q10、Q11

頻度：★★★☆

Q10 標準様式の該当部分
「目標（長期目標・短期目標）」

「短期目標」は、どう記載すればよいのか？

■ 回答

「長期目標」を達成するための段階的な目標、かつ、利用者にとっての具体的な取組みの目標となるよう記載する。

■ 根拠法令等

標準様式通知別紙3のⅣの2②、マニュアル第2表の質問6

■ 解説

「目標」は、実際に解決が可能と見込まれるものを、抽象的な言葉ではなく誰にもわかりやすい具体的な内容で記載します。

「目標」のうち、「短期目標」とは、「長期目標」に段階的に対応し、解決に結びつけるものであるとともに、「短期目標」を達成するために位置づけているサービスの目的です。

つまり、「短期目標」は、**「長期目標」を達成するための段階的な目標**であると同時に、利用者にとっての**具体的な取組みの目標（活動の目標**※）でもあります。記載の際は、以下の3点を満たすよう意識してみましょう。

> ○　長期目標を達成するための段階的な目標になっている
>
> ○　利用者や家族が具体的に何に取り組むかがわかる
>
> ○　個別サービス計画を立てる際に、サービス事業者（所）の指標になる

※国際生活機能分類（ICF）でいう「活動」のこと。詳細は次ページのコラムを参照ください

■ 関連Q&A

第2表：Q7 ～ Q9、Q11

「活動の目標」

　マニュアル第2表には、「短期目標は長期目標を達成するための具体的な『活動の目標』になっていますか？」とする質問6があります。

　この質問は、長期目標を達成するための具体的な活動（支援）の目標と期間の設定が行われているかを確認することを目的としています。

　ここでいう、「活動の目標」とは、国際生活機能分類（ICF：International Classification of Functioning, Disability and Health）モデルの「活動」における目標を設定することを指しています。

「活動（activity）」とは、「課題や行為の個人による遂行」と、定義づけられており、具体的には日常生活動作（ADL）、手段的日常生活動作（IADL）、余暇活動（趣味、旅行、運動）などを含む幅広い概念です。

　つまり、この質問の意図は『利用者の、能力（できる）と実行状況（している）の両面に注目し、個別性の高い、具体的な目標を立てていますか？』という意味なのです。

　活動に注目した目標設定とは、短期目標を"小分け"にすることと同じです。具体的でわかりやすい小分けした目標は、利用者に達成感を感じさせます。短期目標の達成（成功体験）を繰り返すことで、自己肯定感を高め、生活への意欲を引き出す効果も期待できます。

　ケアマネジャーは、利用者の活動に注目し、利用者が取組み意欲や達成感を得られたり、実際に行うことで効果を体験できたりする「活動の目標」を設定しましょう。

出典・参照：後藤佳苗『保険者のチェックポイントがわかる！　ケアプラン点検ハンドブック』ぎょうせい，pp.192〜193，p.197，2020.

頻度：★★★

Q11 標準様式の該当部分
「目標（長期目標・短期目標）」

「短期目標」を設定しなくてよい、"緊急対応が必要になった場合"とは、どのような場合なのか？

■回答

通知等には示されていないが、高齢者虐待や緊急入院等における緊急性の高いかかわりが想定される。

■根拠法令等

標準様式通知別紙3のIVの2②

■解説

"緊急対応が必要になった場合"の具体例は、通知等には明確に示されていません。

しかし、標準様式通知別紙3のIVの2②にて、「必要な『サービス内容』は、主として『短期目標』に対応して導き出されるものであり、明確な『短期目標』が設定されなければ必要な『援助内容』やその援助方針を明確にできないこととなる」や「緊急対応が必要になった場合には、一時的にサービスは大きく変動するが」と示されていることから、**介護保険の安定的なサービスでは、対応が難しい事態**などを想定していると考えられています。

このため、"緊急対応が必要になった場合"とは、**高齢者虐待や病状等の急変、突発的な事故**などの緊急性の高いかかわりを想定することが一般的です。

緊急対応が必要になった場合の具体例や、明確な答えが示されていないからこそ、日ごろから事業所内で相談の機会を設けるなど意識的に対応しましょう。

■関連Q&A

第2表：Q7〜Q10

Q12 標準様式の該当部分
（「長期目標」及び「短期目標」に付する）「期間」

「長期目標」「短期目標」に「期間」があるのはなぜか？

■ 回答

①計画的に支援すること、②期間の終期に目標の達成が図られているかケアマネジメントの評価を行うこと、の二つが主な理由である。

■ 根拠法令等

標準様式通知別紙3のIVの2③

■ 解説

「期間」を設定する理由として、①**計画的に支援**すること、②期間の終期に目標の達成が図られているか**ケアマネジメントの評価を行う**ことが挙げられています。このため、「長期目標」「短期目標」のいずれにも、「期間」の設定が必要になるのです。

目標は達成するために立てられるものであり、目標を達成するためにケアプランはあります。両目標のそれぞれに「期間」を設定することにより、例えば、長期間にわたって漫然とした支援を行うような、不適切な経過を防止することをねらっているのです。

ケアマネジャーは、「目標」に「期間」がある理由を理解したうえで、「目標」に合わせた適切な「期間」の設定を心がけましょう。

■ 関連Q&A

第2表：Q13〜Q16

頻度：★★★

Q13 標準様式の該当部分
（「**長期目標**」及び「**短期目標**」に付する）「**期間**」

個々の「目標」の「期間」は、統一したほうがよいのか？

■回答

結果として同一となる場合もあるが、「目標」の「期間」は、個々の目標に合わせて設定する。

■根拠法令等

標準様式通知別紙 3 の IV の 2 ③

■解説

目標は達成するために立てられるものであり、目標を達成するためにケアプランがあるため、「長期目標」「短期目標」のいずれにも、「期間」を設定します。

「長期目標」の「期間」には、「生活全般の解決すべき課題（**ニーズ**）」を、**いつまでに、どのレベルまで解決するのかの期間**を記載します。

「短期目標」の「期間」は、「長期目標」の達成のために踏むべき段階として設定した「**短期目標」の達成期限**を記載します。

つまり、目標の期間は、それぞれの目標に合わせて設定します。結果的にすべての「長期目標」の「期間」または「短期目標」の「期間」が同一になる場合もあるでしょう。しかし、最初から目標の期間を統一させるようにすること（例：すべての長期目標は 6 か月、短期目標は 3 か月で設定するなど）は、不適切な取扱いです。ケアマネジャーは、個々の目標に合わせた期間設定を徹底しましょう。

■関連 Q&A

第 2 表：Q12、Q14 ～ Q16

Q14　標準様式の該当部分
（「長期目標」及び「短期目標」に付する）「期間」

「目標」の「期間」は、どのように記載するのか？

■ 回答

原則として開始時期と終了時期を記入することとし、緊急事態などで終了時期が特定できない場合等にあっては、開始時期のみ記載する等として取り扱う。

■ 根拠法令等

標準様式通知別紙 3 の IV の 2 ③

■ 解説

第 2 表 Q12 で確認したとおり、「目標」に「期間」を設定する主な理由は、①計画的に支援すること、②期間の終期に目標の達成が図られているかケアマネジメントの評価を行うことの二つです。

このため、**計画時期**（計画がいつからいつまでを想定しているのか？）と**評価時期**（いつ評価するのか？）が明らかにわかるよう、"□年△月○日〜△年●月■日"や"□年△月〜△年●月"など、**開始時期と終了時期**を記入します。

ただし、緊急対応が必要な場合など、終了時期が特定できない場合等にあっては、開始時期のみ記載する等として取り扱って差し支えないとされています。

期間の記載のルールについては、事業所内で統一するとともに、保険者等の指示やルールがある場合（例：開始時期、終了時期ともに日付まで記載すること）などには、それに従いましょう。

■ 関連 Q&A

第 2 表：Q12、Q13、Q15、Q16、Q31

頻度：★★★☆

Q15 標準様式の該当部分
（「長期目標」及び「短期目標」に付する）「期間」

「長期目標」と「短期目標」の「期間」が同じでもよいのか？

■ 回答

一般的には、「長期目標」の「期間」のほうが、「短期目標」の「期間」よりも長くなるが、目標によっては、「期間」が同一になる場合もある。

■ 根拠法令等

標準様式通知別紙3のIVの2③

■ 解説

「長期目標」の「期間」は、「生活全般の解決すべき課題（ニーズ）」を、いつまでに、どのレベルまで解決するのかの期間を記載します。「短期目標」の「期間」は、「長期目標」の達成のために踏むべき段階として設定した「短期目標」の達成期限を記載します。

　ニーズの達成を目指す目標が「長期目標」であり、「長期目標」を達成するための具体的な**活動の目標**※が「短期目標」です。このため、**「長期目標」の「期間」のほうが、「短期目標」の「期間」よりも長くなる場合が一般的**です（次ページコラム①参照）。

　しかし、目標の設定によっては、「長期目標」と「短期目標」の「期間」が同一になる（一致する）場合もあり得るでしょう（次ページコラム②参照）。

　それぞれの目標に合った適切な期間設定を心がけましょう。

※「活動の目標」については、第2表Q10のコラム（84ページ）を参照ください

■ 関連Q&A

第2表：Q12 ～ Q14、Q16、Q30

三つの「期間」

第2表には、三か所の「期間」があります。それぞれには、次の期間を記載することとされています。

長期目標の期間		短期目標の期間		援助内容（サービス）の期間
ニーズを、いつまでに、どのレベルまで解決するのかの期間	≧	長期目標達成のために踏むべき段階として設定した短期目標の達成期限	≧	サービス内容に掲げたサービスの実施期間

　長期目標の期間、短期目標の期間、援助内容（サービス）の期間は、その特徴から第2表の右側に位置づけられているものほど短くなると考えられます。

　一般的には、『長期目標の期間』＞『短期目標の期間』＝『サービスの期間』となる場合が多いのですが、場合によっては、長期目標と短期目標が同じ期間となる場合や、短期目標の期間よりも援助内容（サービス）の期間が短くなる場合もあり得ます。

長期目標と短期目標の期間が同一になる例

実行機能障害がある人の服薬に関する目標の設定の例

長期目標	期間	短期目標	期間
薬をしっかり飲める	1月1日〜6月30日	①薬の管理ができる ②時間どおりに内服する	1月1日〜6月30日

　短期目標については、長期目標を達成するために必要な実行機能の変化をみることができるよう具体的に設定しています。表現は異なりますが、長期目標と同じ意味（薬をしっかり飲める）となるため、長期目標と短期目標の期間が同じとなることもあります。

　なお、本例においても、評価期間を短くしたい場合などには、同じ表現のまま短期目標の期間を長期目標よりも短く設定することも可能です。

頻度：★★★☆

Q16 標準様式の該当部分
（「長期目標」及び「短期目標」に付する）「期間」

「長期目標」の「期間」を、認定の有効期間のすべての期間（24 か月、36 か月など）で設定してもよいのか？

■ 回答

設定はできる。ただし、利用者の自立を損ねないはたらきかけが必要である。

■ 根拠法令等

標準様式通知別紙 3 のIVの 2 ②・③、マニュアル第 2 表の質問 5

■ 解説

認定の有効期間と目標の関連については、標準様式通知別紙 3 のIVの 2 ③に、「なお、期間の設定においては『認定の有効期間』も考慮するものとする」と示されています。

介護保険におけるケアマネジメントは、**要介護認定等を一つの区切り**として支援をしていく性質があります。このため、通知の記載は、利用者やケアチームのメンバーが共通認識をもちやすいよう、認定の有効期間も考慮して支援を組み立てましょう、という意味であり、"認定の有効期間のすべての期間を使ってよし"とお墨つきが与えられているわけでも、"認定の有効期間のすべてを使いなさい"と指示されているわけでもありません。

また、先に確認したとおり、「長期目標」は、利用者が、ニーズごとに支援を受けながら、自分自身も努力する到達点といえるものであり、「長期目標」の「期間」は、ニーズを、いつまでに、どのレベルまで解決するのかの期間を記載する欄です。このため、設定した「長期目標」が、認定の有効期間のすべてを使うことが適切と判断した場合には、「期間」には認定の有効期間のすべてを記載します。

しかし、24時間365日、利用者につきっきりになることができない居宅介護支援においては、あまりにも長期間の設定は、**利用者の意欲を維持させること**（ケアマネジメント）、**事故を予防すること**（リスクマネジメント）の両面からは望ましくない場合も多くなるのではないでしょうか。

　長期間の目標期間を設定する場合には、その根拠とともに、利用者の自立を損ねないよう、はたらきかけるとともに、アセスメントシートや第5表（居宅介護支援経過）に記録を残しましょう。併せてサービス担当者会議において、長期間の目標設定で問題なく対応ができるかについて、担当者から意見を聴取しておくとよいでしょう。

　なお、期間の記載のルールについては、事業所内で統一するとともに、保険者等の指示やルールがある場合（例：利用者の事故予防のため、長期目標の期間は1年以内で設定すること）などには、それに従いましょう。

■ 関連 Q&A
第2表：Q12 ～ Q15

─ Column ─

その人らしいケアプランの作成

　個別性の高いケアプランとするための具体策の一つに、"**目標に家族や友人といった第三者を位置づける**" ということがあります。

　"利用者らしさ" は、利用者だけの記載ではみえにくい（伝わりにくい）ものです。機会をみつけ、ケアマネジャーが把握した第三者（**誰のために、誰に向けて**）も、ケアプランに位置づけてみてください。

認知症のある社交的な女性の第2表（抜粋）

生活全般の解決すべき課題（ニーズ）	目標	
	長期目標	短期目標
みんなと笑って過ごす時間を増やしたい	夫やなじみの人との交流を楽しめる	友人にプレゼントする絵を描く

出典：鳥取県介護支援専門員連絡協議会編「初任段階介護支援専門員向けマニュアル」p. 40, 2020を一部改変

頻度：★★☆

Q17
標準様式の該当部分
「サービス内容」「サービス種別（※2を含む）」

「サービス内容」の記載のルールは？

■ 回答

「短期目標」の達成に必要であって最適なサービスの内容とその方針を明らかにし、適切・簡潔に記載する。

■ 根拠法令等

標準様式通知別紙3のIVの2④、⑥、マニュアル第2表の質問7

■ 解説

ケアプランを効果的・効率的に実行するためには、「短期目標」の達成に必要な最適のサービスの内容とその方針を明らかにし、それを実行できるサービス種別及びサービス事業所を調整する必要があります。

このため、本欄には、「短期目標」の達成に必要な**最適のサービスの内容**とその**方針**を明らかにしたうえで、**適切・簡潔に記載**します。

そして、そのサービスの特性や利用者の希望などにより、いずれの居宅サービス事業者のサービスが最もふさわしいかを評価・選択し、「サービス種別」欄に記載します。

なお、この際、できるだけ家族が行う援助の内容も明確に記載し、また、ケアプラン作成時においてすでに行われているサービス等が、ニーズに反せず、利用者及びその家族に定着している場合にはこれも記載します。

さらに、生活援助中心型の訪問介護を必要とする場合には、その旨を記載することも必要です。

■ 関連Q&A

第1表：Q26、第2表：Q18～Q22、Q24～Q27

Q18
標準様式の該当部分
「サービス内容」

「サービス内容」の具体的な書き方は？

■ 回答

いつ、どこで、誰が、何をするかがわかるよう、適切・簡潔に記載する。

■ 根拠法令等

法第1条、第2条第3項、第4条第1項、運営基準第1条の2、標準様式通知別紙3のⅣの2④、マニュアル第2表の質問7

■ 解説

本欄は、「『短期目標』の達成に必要であって最適なサービスの内容とその方針を明らかにし、適切・簡潔に記載する」欄です。

適切・簡潔とされてはいますが、サービス事業者等が、**個別サービス計画を作成する際の指標**となるものですから、必要なサービスについては、漏れなく記入する必要があります。

併せて、サービスが、**利用者のできること、していることを奪わないこと**への配慮も必要です。

高齢者へのサービス提供においては、援助職がすべてを提供したほうが時間もかからず、利用者や家族の満足度も高い場合が一般的です。しかし、**やってあげる（お世話型の）サービス提供は、利用者のできること、していることを奪ってしまう**危険性も含みます。主体は利用者であり、サービスの提供は利用者が苦手な部分等を補うもの（補助的な役割）であることが、利用者をはじめとするケアチーム全員で共有できるように、本欄の記載を利用しましょう。

■ 関連 Q&A

第2表：Q17、Q19 〜 Q22

頻度：★★★★☆

Q19　標準様式の該当部分
「サービス内容」

「サービス内容」に、具体的な加算名称を書くべきか？

■ 回答

「サービス内容」への加算名称の記載までは規定されていない。

■ 根拠法令等

法第1条、第2条第3項、第41条第6項、運営基準第4条第1項、第13条第2号、第5号、標準様式通知別紙3のIVの2④、マニュアル第2表の質問7

■ 解説

全般Q4でも確認したとおり、事前にケアプランに位置づけられていないサービスについては、原則として介護報酬の支払いがなされません。このため、加算に関しても**ケアプランへの位置づけが必要**です。

また、「ケアプラン」に該当する具体的な帳票については、全般Q3にて確認したとおり、標準様式通知の**居宅サービス計画書の第1表から第3表まで、第6表及び第7表**に相当するものすべてを指すと示されています。

つまり、居宅介護支援においては、第1表〜第3表、第6表、第7表の5つの様式を「ケアプラン（居宅サービス計画）」と呼び、ケアプランに該当する帳票（第1表〜第3表、第6表、第7表）に位置づけがあれば、介護報酬の支払いがなされます。

ときに、第2表に具体的な加算名称が載っていないと、介護報酬の支払いが受けられないと勘違いしているケアマネジャー等もいますが、加算は、第6表（サービス利用票）に名称や回数が記載されていれば、給付管理票につなげることができます（第2表の「サービス内容」に加算名称が載っていないことをもって、ケアプランに位置づけられていないとはなりません）。

また、「サービス内容」は、「短期目標」の達成に必要な最適のサービスの内容とその方針を明らかにしたうえで、適切・簡潔に記載します。

加えて前問（Q18）でも確認したとおり、実際のサービス提供において、効率化や利用者等からの評価を優先して、**利用者のできること、していることを奪わない**ことについて配慮することも必要です。

つまり、第2表のサービス内容は、「入浴介助加算」「個別機能訓練加算」などの加算名称だけを端的に載せるというよりも、"**いつ、どこで、誰が、何をするか**"について、わかりやすく、簡潔に記載する欄なのです。

ただし、具体的な「サービス内容」の記載のルールについては、事業所内で統一するとともに、保険者等の指示やルールがある場合（例：ニーズ優先のケアプランであることが明確となるよう、「サービス内容」に加算名称は記載しないこと、給付費抑制の観点から、「サービス内容」に加算名称を記載すること）などには、それに従いましょう。

表3-1 「サービス内容」への加算の記載例

○記載例1）保険者等が加算名称の記載の指示をしていない場合

サービス内容	※1	サービス種別
顔、上半身は自分で洗う		本人
洗髪、手の届かない部分の洗身介助	○	通所介護

○記載例2）保険者等が加算名称の記載を推奨している場合

サービス内容	※1	サービス種別
顔、上半身は自分で洗う		本人
洗髪、手の届かない部分の洗身介助 （入浴介助加算）	○	通所介護

■ 関連Q&A

全般：Q3、Q4、第2表：Q17、Q18、Q20 〜 Q22

頻度：★★★★

Q20 標準様式の該当部分
「サービス内容」

「サービス内容」に、利用者自身が行うことや家族が行う援助の内容は
位置づけるべきか？

■回答

　家族が行う援助の内容も明確に記載し、外部サービスと併せて、全体とし
てどのようなサービス体制が組まれているかを明らかにする。

　利用者自身が行うこと（セルフケア）について、通知の規定等はないが、
介護保険の理念等に鑑み、できるだけ位置づけたい。

■根拠法令等

　法第1条、第2条第3項、第4条第1項、運営基準第1条の2、標準様
式通知別紙3のⅣの2④、マニュアル第2表の質問7

■解説

　介護保険のサービスが加わることで、利用者の生活には今までとは違うサ
イクルやリズムが生まれます。また、利用者の生活は、介護保険だけで成り
立っているわけではありません。便利で安定している介護保険のサービスが、
それまでの暮らしのなかの家族の役割ややりがい、精神的なつながりなどを
奪ってしまう危険性もあります。つまり、ケアプラン作成時に適切だったサー
ビスが、いつまでも適切とは限らないのです。

　標準様式通知別紙3のⅣの2④には、「できるだけ**家族が行う援助の内容
も明確に記載**し、外部サービスと併せて、全体として、どのようなサービス
体制が組まれているかを明らかにすることが重要である」と示されていま
す。

　家族は、**利用者にとっての社会資源**であると同時に、状況によっては**支援
の対象**ともなる存在です。ケアマネジャーは、ケアプランに家族による援助
の内容も積極的に位置づけ、社会資源としての役割を担ってもらえるよう、
努めます。

また、利用者の自立支援を理念とする介護保険制度において利用者は、**主体的に自身の課題に向き合う存在**です（お客様ではありません）。したがって、目標達成のために利用者自身が具体的に何を行うのかを明確にし、利用者の意欲が湧くような記載を心がけます。

「サービス内容」の記載には、利用するサービスの内容を列記していくというよりも、**目標を達成するために必要となる支援のポイントや社会資源**（利用者の内的資源や家族などのインフォーマル・サービスを含む）を記載するという視点をもつことが求められます。

　利用者が自分で取り組むこと（自助）、家族や近隣等の力で取り組むこと（互助）、保険が行うこと（共助）、公的な支援を受けること（公助）が明確になるよう意識し、本欄を記載しましょう。

■ 関連 Q&A

　第2表：Q17 ～ Q19、Q21、Q22、Q27

表3-2 自己点検してみよう！「サービス内容」を確認する際のポイント

□ 短期目標達成に必要なサービス内容となっている
□ 家族を含むインフォーマルな支援の記載がある
□ 利用者自身のセルフケアも記載がある
□ サービス提供を行う事業所・者が担う役割等についても、必要に応じた記載がある
□ 主治医等の専門家から示された留意事項等の記載がある

出典：厚生労働省『ケアプラン点検支援マニュアル（平成20年事務連絡）』第2表 居宅サービス計画書（2）の質問7

頻度：★★☆

Q21 標準様式の該当部分
「サービス内容」

「サービス内容」に、生活援助中心型を位置づける際の書き方は？

■回答

生活援助中心型の訪問介護を必要とする場合に、その必要性を記載する。

■根拠法令等

標準様式通知別紙3のⅣの2④

■解説

　生活援助中心型の訪問介護を必要とする場合には、誰がみても当該サービスの**必要性と利用可能な状態であること**がわかるよう、「サービス内容」に記載します。

　利用者の自立支援と給付の適正化の両面から、必要性が低い居宅サービス等を漫然とケアプランに位置づけ続けることは望ましくありません。特に、生活援助中心型の訪問介護は、利用者もしくは同居する家族もしくは親族が生活援助を行うことが困難な場合にのみ算定が可能です（すべての利用者が自由に使えるサービスではありません）。

　併せて、その訪問介護サービスが、生活援助なのか、身体介護※で算定するのかについては、明確な区別が必要です。個別具体的に判断し、第三者がみても理解可能な表現を心がけましょう。

※老計第10号の「1-6 自立生活支援・重度化防止のための見守り的援助（自立支援、ADL・IADL・QOL向上の観点から安全を確保しつつ常時介助できる状態で行う見守り等）」も身体介護に含まれるため、注意が必要。

■関連Q&A

　第1表：Q26 ～ Q28、第2表：Q17 ～ Q20、Q22

Q22

標準様式の該当部分
「生活全般の解決すべき課題（ニーズ）」「サービス内容」

福祉用具貸与または特定福祉用具販売をケアプランに位置づける際の記載のルールは？

■ 回答

「生活全般の解決すべき課題」「サービス内容」等に当該サービスを必要とする理由が明らかになるように記載する。

■ 根拠法令等

運営基準第 13 条第 22 号、第 23 号、標準様式通知別紙 3 のⅣの 2 ⑧

■ 解説

福祉用具貸与及び特定福祉用具販売（以下、「福祉用具」）については、利用者の心身の状況に合わない福祉用具が提供されることで、利用者の自立を妨げてしまうおそれもあり、自立支援の観点から、適切な福祉用具が選定され利用されるように、**福祉用具を必要とする理由**を把握することが重要です。

このため、ケアマネジャーには、ケアプランに福祉用具を位置づける場合は、その利用の妥当性を検討し、当該ケアプランに福祉用具が必要な理由を記載しなければなりません（運営基準第 13 条第 22 号、第 23 号）。

つまり、**利用者の自立支援**と**事故予防を徹底**するため、福祉用具をケアプランに位置づける場合は、「生活全般の解決すべき課題」「サービス内容」等に当該サービスを必要とする理由が明らかになるように記載することが原則です。具体的な記載例については、次ページのコラムを参照ください。

■ 関連 Q&A

第 2 表：Q17 ～ Q21、第 3 表：Q7

───── Column ─

福祉用具の位置づけ方

　第２表の「生活全般の解決すべき課題（ニーズ）」もしくは「サービス内容」に福祉用具を使う理由を記載し、具体的な種目は、第３表（週間サービス計画表）の「週単位以外のサービス」に記載します。

第２表：Q22

（四点杖、車いす、車いす付属品を利用している場合の記載例）

第２表（抜粋）

生活全般の解決すべき課題（ニーズ）	援助内容		
	サービス内容	サービス種別	頻度
他人の手を借りずに出かけたい	・四点杖を使い、屋内の転倒を予防する	福祉用具貸与	・屋内移動時
	・車いすに乗り、安全に外出する	福祉用具貸与	・外出時

第３表（抜粋）

週単位以外のサービス	福祉用具貸与（四点杖、車いす、車いす付属品）

　記載例に示したとおり、第２表に福祉用具を使う理由を記載する際には、ニーズ欄よりも、サービス内容欄を活用したほうが、スムーズな場合が多いです。

　また、"屋内の転倒予防"や"安全な外出"だけの記載でも、「福祉用具を必要とする理由」となりますが、"四点杖を使い、屋内の転倒を予防する"や"車いすに乗り、安全に外出する"のように、具体的な種目を追記すると利用者にもわかりやすい表現となります。

　なお、ケアプラン作成ソフトによっては、第３表の週単位以外のサービス欄に、具体的な種目名を入力できないものもあります。このような場合には、第３表を印刷後、手書きで追記するなど工夫してください。

頻度：★★☆

Q23 標準様式の該当部分
「保険給付の対象となるかどうかの区分」

「保険給付の対象となるかどうかの区分（※1）」がある理由は？

■ 回答

「サービス内容」には、保険給付の対象となる居宅サービスのみならず、市町村が実施する老人保健福祉施策、家族や近隣などのインフォーマルなサービスを含むため、保険給付対象内サービスのみを対象とする給付管理票への転記を容易にするためである。

■ 根拠法令等

法第8条第24項、運営基準第13条第4号、標準様式通知別紙3のⅣの2⑤、保険外サービス通知

■ 解説

本欄は、保険給付対象内サービスのみを対象とする**給付管理票への転記を容易にする**ために設けられました。

ケアプランには、**指定居宅サービス等**（7ページコラム参照）を位置づけます。このため、「サービス内容」には、介護保険のサービスだけではなく、医療保険から提供されるサービス、市町村が実施する老人保健福祉施策など介護保険以外から提供されるサービスや、家族や近隣などのインフォーマルなサービスなどを含むことになります。

また、本欄が位置づけられていることにより、誰がみてもそのサービスが、**介護保険によるものなのかどうかが明確**となり、第6表（サービス利用票）とのつながりもわかりやすくなるのです。

■ 関連 Q&A

第2表：Q24、Q25

頻度：★★☆

Q24 標準様式の該当部分
「保険給付の対象となるかどうかの区分」

「保険給付の対象となるかどうかの区分（※1）」の書き方は？

■ 回答

「サービス内容」のなかで、保険給付対象内サービスについて○印を付す。

■ 根拠法令等

法第8条第24項、運営基準第13条第4号、標準様式通知別紙3のⅣの2⑤、保険外サービス通知

■ 解説

本欄は、「サービス内容」のなかで、**介護保険の給付対象となるサービスについて○印**を付します。

介護保険以外のサービスについては、空欄でもよいですし、利用者等がわかりやすいように、医療保険のサービスを"医"や自費で受ける保険外サービスを"自"などとしている事業所もあります。

このように、介護保険の給付対象以外については全国共通の細かい規定がないため、具体的な「保険給付の対象となるかどうかの区分」の記載については、事業所内で統一するとともに、保険者等の指示やルールがある場合などには、それに従いましょう。

■ 関連 Q&A

第2表：Q17、Q23、Q25

Q25
標準様式の該当部分
「サービス内容」「サービス種別」「保険給付の対象となるかどうかの区分」

訪問看護等の医療保険から提供されるサービスについては、第2表への位置づけはどうすればよいのか？

■回答

「サービス内容」と「サービス種別」等は、介護保険給付の有無にかかわらず、必要に応じて記載し、「保険給付の対象となるかどうかの区分」で、介護保険の給付対象になるかどうかを明らかにする。

■根拠法令等

法第8条第24項、運営基準第13条第4号、標準様式通知別紙3のⅣの2①、④、⑤、⑥

■解説

ケアマネジャーは、利用者の「生活全般の解決すべき課題（ニーズ）」をもとに目標を立て、その目標達成に適切なサービスをケアプランに位置づけます。

このため、「サービス内容」や「サービス種別」等には、介護保険給付の有無にかかわらず、利用者の目標解決に必要な場合には記載し、「保険給付の対象となるかどうかの区分」にて、**介護保険の給付対象になるかどうかを明らかにします。**

指定居宅サービス等のなかでも、特に、医療保険から提供される通院治療などの医療ニーズにかかわるサービスや保険外（自費等）で利用するサービス（例：タクシー送迎、配食サービス等）については、利用者の日常生活全体を支えているものも多いため、利用者の生活に必要なサービスを書き漏らさないよう、適切に取り扱いましょう。

■関連Q&A

全般：Q4、Q8、第2表：Q17、Q23、Q24、Q26、第3表：Q7

頻度：★★☆

Q26 標準様式の該当部分
「サービス種別（※2を含む）」

「サービス種別（※2を含む）」の書き方は？

■ 回答

「サービス内容」及びその提供方針を適切に実行することができる居宅サービス事業者等を選定し、具体的な「サービス種別」及び当該サービス提供を行う「事業所名」を記載する。

■ 根拠法令等

運営基準第4条第2項、第13条第5号、標準様式通知別紙3のⅣの2⑥、マニュアル第2表の質問8

■ 解説

本欄には、「サービス内容」及びその提供方針を適切に実行することができる居宅サービス事業者等を選定し、具体的な「サービス種別」及び当該サービス提供を行う「事業所名」を記載します。

ケアプランは、利用者の人生設計図ですから、**サービス事業所等の選択・決定は、利用者の役割**です。しかし、利用者やその家族が、初めてのことに戸惑っている場合、どこにどのような特徴の事業所があるかもわからない場合、冊子等にまとめられた膨大なサービス事業者情報のなかから、「お好きなところを選んでください」と勧められるだけでは選択できない場合などもあります。

事業者やケアマネジャーは、利用者が適切なサービス事業所を選択・決定できるよう、その役割を果たしたうえで、サービス種別に位置づける義務があるのです。

■ 関連Q&A

第2表：Q17、Q25、Q27

Q27 標準様式の該当部分
「サービス種別（※2を含む）」

「サービス種別（※2を含む）」に家族を位置づける場合の留意点は？

■ 回答

家族が担う介護部分については、誰が行うのかを明記する。

■ 根拠法令等

標準様式通知別紙3のIVの2⑥、マニュアル第2表の質問8

■ 解説

家族は利用者にとっての**貴重な社会資源**です。ケアプランに家族を位置づける際には、家族参加の動機づけとなり、モニタリングが円滑に進むよう、家族員の役割を明確にします。具体的には、家族のうち**誰が行うのかを特定できる**ように、「サービス種別」欄もしくは「※2」欄を使って記載します。

表3-3 「サービス種別（※2を含む）」への家族の記載例

○記載例1）サービス種別に「家族」と記載し、※2に具体的な続柄等を
記載する

サービス種別	※2
家族	夫

○記載例2）サービス種別に直接続柄を記載し、※2は空欄とする

サービス種別	※2
妻、長男の妻	

■ 関連 Q&A

第2表：Q17、Q20、Q26

頻度：★★★

Q28 標準様式の該当部分
「頻度」「期間」

なぜ「頻度」の記載が必要なのか？

■ 回答

「サービス内容」に掲げたサービスを、どの程度の「頻度」で実施するかを明らかにする必要があるため。

■ 根拠法令等

標準様式通知別紙3のⅣの2⑦

■ 解説

「サービス種別」、「頻度」及び「期間」は給付管理に直結しています。このうち、「頻度」を明らかにするメリットは、以下の2点が挙げられています。

①ケアプランの内容を、利用者及びその家族、各種サービス担当者間で**定期的に合意・確認**することに役立つ

②支給限度額内外において**効果的なサービスの組み合わせ**を考える要点を明らかにすることができる

　すなわち、ケアチームの共通理解を通じ、利用者の自立支援に努めるとともに、介護保険を守り育てるための介護給付費の適正化においても、「頻度」は重要な役割を担います。

　このため、特にサービスの提供回数が給付管理に反映するサービスについては、「随時」や「必要時」などの表現は避け、**具体的な回数を記載**することが求められているのです。

■ 関連Q&A

第2表：Q29

Q29 標準様式の該当部分
「頻度」「期間」

「頻度」には、回数ではなく、曜日を書かないといけないのか？

■ 回答

居宅サービス計画の場合は、回数もしくは曜日のいずれの記載でもよいが、施設サービス計画の場合は、具体的な曜日を記載すべきである。

■ 根拠法令等

（共通）標準様式通知別紙 3 のIVの 2 ⑦、VIの 3

（居宅サービス計画）法第 8 条第 24 項、運営基準第 13 条第 10 号、第 11 号

（施設サービス計画）法第 8 条第 26 項、施設の運営基準第 12 条第 7 項、第 8 項

■ 解説

前問（Q28）で確認したとおり、本欄に「サービス内容」に掲げたサービスをどの程度の「頻度（一定期間内での回数、実施曜日等）」で実施するかを記載することによって、**ケアチームの共通理解の促進**と**効果的なサービス提供**を目指します。

週のうち決められた曜日のサービスについても、どの曜日に提供をするか明らかにすることが、必要です。

ただし、居宅サービス計画の場合には、第 1 表〜第 3 表、第 6 表及び第 7 表がケアプランに該当するため、説明、文書同意、交付もこの 5 つの帳票が基本となります。

このため、本欄に曜日を明記しなかったとしても、利用者及び担当者は、交付されたケアプランの第 3 表（週間サービス計画表）にて、サービスの提供曜日を確認することが可能です。

　一方、施設サービス計画の場合には、第1表、第2表のみがケアプランとなるため、説明、文書同意、交付もこの2つの帳票だけに限られます。併せて、施設の介護支援においては、標準様式通知別紙3のⅥの3にて、第3表（週間サービス計画表）と第4表（日課計画表）のいずれかとの選定による使用を可能とする（どちらかの帳票を使用すればよい）とされています。

　これらから、施設サービス計画の場合、本欄に曜日を記載しなければ、どの曜日でそのサービスが提供されるのかがわかりにくくなってしまいます。

　このため、**施設の介護支援**においては、本欄に**曜日を位置づけること**が勧められ、**居宅介護支援**においては、**回数もしくは曜日のいずれかの記載で構わない**とされているのです。

表3-4 居宅サービス計画と施設サービス計画

居宅サービス計画	施設サービス計画
第1表　居宅サービス計画書（1）	第1表　施設サービス計画書（1）
第2表　居宅サービス計画書（2）	第2表　施設サービス計画書（2）
第3表　週間サービス計画表	
第6表　サービス利用票	
第7表　サービス利用票別表	

第3表はケアプランに該当する帳票のため、作成、交付の義務がある。このため、第2表の「頻度」に曜日を記載しなくても、第3表で曜日の確認が可能	第3表はケアプランに該当せず、また、作成も必須の書類でない。このため、第2表の「頻度」に曜日を記載しないと、サービス提供の曜日が確認できない

■関連 Q&A

　全般：Q3、第2表：Q28、第3表：Q1

Q30 標準様式の該当部分
「頻度」・「期間」

援助内容（サービス）の「期間」は、いつまで設定が可能なのか？

■回答

「期間」は、「サービス内容」に掲げたサービスをどの程度の「期間」にわたり実施するかを記載する。

　なお、「期間」の設定においては「認定の有効期間」も考慮するものとする。

■根拠法令等

　標準様式通知別紙 3 の IV の 2 ⑦、マニュアル第 2 表の質問 9

■解説

　本欄には、援助内容（サービス）に掲げたサービスをどの程度の「期間」にわたり実施するかを記載します。

　援助内容（サービス）の「期間」は、**「短期目標」の「期間」と連動**し、**短期目標の達成に必要な期間設定**とすることが求められます。

　サービスは、短期目標を達成するための手段ですから、「短期目標」の「期間」より、援助内容（サービス）の「期間」が長くなることはありません。

　つまり、それぞれの期間の関係は、**『短期目標の期間』≧『援助内容（サービス）の期間』**となり、一般的には、『短期目標の期間』＝『援助内容（サービス）の期間』となります。

　なお、「期間」の設定においては「認定の有効期間」も考慮して設定します。

■関連 Q&A

　第 2 表：Q15、Q31、Q32

頻度：★★★

Q31 標準様式の該当部分
「頻度」・「期間」

援助内容（サービス）の「期間」は、○か月と書くのか？　○年○月
○日〜○年○月○日と書くのか？

■ 回答

通知の規定はないが、ケアチームの認識がずれないように、開始時期と終
了時期を明確にしたほうが望ましい。

■ 根拠法令等

標準様式通知別紙3のIVの2③、④、⑦、マニュアル第2表の質問9

■ 解説

本欄には、認定の有効期間を考慮したうえで、「サービス内容」に掲げた
サービスをどの程度の「期間」にわたり実施するかを記載します。しかし、
「目標」の期間として示されている「原則として開始時期と終了時期を記入
することとし、終了時期が特定できない場合等にあっては、開始時期のみ記
載する等として取り扱って差し支えない」という一文は付されていません。

このため、○か月という記載でも、○年○月○日〜○年○月○日という記
載でも、**いずれの記載でも構わない**といわれています。

ただし、本欄は、短期目標の期間と連動し、短期目標の達成に必要な期間
設定とすることが求められるため、具体的な記載方法については、開始時期
と終了予定時期を記入する「○年○月○日〜○年○月○日」という記載と
し、**ケアチームの認識がずれないほうが望ましい**といわれています。

■ 関連Q&A

第2表：Q14、Q30、Q32

Q32 標準様式の該当部分
「頻度」・「期間」

援助内容（サービス）の「期間」は、「短期目標」の「期間」に合わせないとダメなのか？

■ 回答

援助内容（サービス）の「期間」は、「短期目標」の「期間」と一致する場合が一般的だが、事例の状況等によっては、「短期目標」の「期間」よりも短くなる場合もある。

■ 根拠法令等

標準様式通知別紙3のIVの2③、④、⑦

■ 解説

第2表Q30でも確認したとおり、本欄は、「短期目標」の「期間」と連動し、短期目標の達成に必要な期間設定とすることが求められます。このため、一般的には、『**短期目標の期間**』＝『**援助内容（サービス）の期間**』となる場合が多いのですが、事例の状況等によっては、『**短期目標の期間**』＞『**援助内容（サービス）の期間**』（「短期目標」の「期間」よりも援助内容（サービス）の「期間」が短くなる場合）もあり得ます。

表3-5 「短期目標」の「期間」よりも援助内容の「期間」が短くなる例

退院直後の事例。短期目標の期間は3か月で設定。退院直後から、訪問介護と訪問リハビリテーションを利用。訪問介護は利用者の日常生活支援を行うため、3か月で設定（短期目標の期間と同一と）し、訪問リハビリテーションは、環境アセスメントとリハビリテーション及び訪問介護への技術指導と助言を担当するため、2か月で設定する（短期目標の期間よりも短くなる）

■ 関連Q&A

第2表：Q30、Q31

頻度：★★★★☆

Q33

標準様式の該当部分
― (該当部分なし)

利用者の希望による軽微な変更の場合は、現在使用しているケアプランに上書きをしてよいのか？

■ 回答

サービス内容への具体的な影響がほとんど認められないような軽微な変更については、当該変更記録の箇所の冒頭に変更時点を明記しつつ、同一用紙に継続して記載することができる。

■ 根拠法令等

運営基準第13条第13号、第16号、標準様式通知別紙3のⅢ、見直し通知

■ 解説

介護サービス計画書（標準様式）は、「同一用紙に介護サービス計画の変更を継続して記録していくものではなく、介護サービス計画の作成（変更）のつど、別の用紙（別葉）に記録する、**時点主義**の様式を前提に考える」と規定されています（標準様式通知別紙3のⅢ）。併せて、当該通知には、「サービス内容への具体的な影響がほとんど認められないような軽微な変更については、**当該変更記録の箇所の冒頭に変更時点を明記**しつつ、**同一用紙に継続して記載することができる**ものとする」とも示されているため、軽微な変更として取り扱う場合には、新しい様式を使用しても、現在の様式に上書きをしてもいずれでもよいとされています。

ただし、ケアプランの上書き等の取扱いについては、事業所内で統一するとともに、保険者等の指示やルールがある場合などには、それに従いましょう。

■ 関連Q&A

全般：Q11、第2表：Q1、Q34

【参考：見直し通知の抜粋】

介護保険制度に係る書類・事務負担の見直しに関するアンケート（「早期に対応が可能なもの」に関する対応）（別添）

I　居宅介護支援・介護予防支援・サービス担当者会議・介護支援専門員関係

3　ケアプランの軽微な変更の内容について（ケアプランの作成）	「指定居宅介護支援等の事業の人員及び運営に関する基準について」（平成 11 年 7 月 29 日老企第 22 号厚生省老人保健福祉局企画課長通知）」（以下、「基準の解釈通知」という。）の「第Ⅱ　指定居宅介護支援等の事業の人員及び運営に関する基準」の「3　運営に関する基準」の「(7) 指定居宅介護支援の基本取扱方針及び具体的取扱方針」の「⑯*居宅サービス計画の変更」において、居宅サービス計画を変更する際には、原則として、指定居宅介護支援等の事業の人員及び運営に関する基準（平成 11 年 3 月 31 日厚生省令第 38 号、以下「基準」という。）の第 13 条第 3 号から第 12*号までに規定されたケアプラン作成にあたっての一連の業務を行うことを規定している。 なお、「利用者の希望による軽微な変更（サービス提供日時の変更等）を行う場合には、この必要はないものとする。」としているところである。
サービス提供の曜日変更	利用者の体調不良や家族の都合などの**臨時的、一時的なもの**で、単なる曜日、日付の変更のような場合には、（略）
サービス提供の回数変更	**同一事業所における**週 1 回程度のサービス利用回数の増減のような場合には、（略）
利用者の住所変更	利用者の住所変更については、（略）
事業所の名称変更	単なる事業所の名称変更については、（略）
目標期間の延長	単なる目標設定期間の延長を行う場合（ケアプラン上の目標設定（課題や期間）を変更する必要が無く、単に目標設定期間を延長する場合など）については、（略）

福祉用具で同等の用具に変更するに際して単位数のみが異なる場合	福祉用具の**同一種目における機能の変化を伴わない用具の変更**については、(略)
目標もサービスも変わらない(利用者の状況以外の原因による)単なる事業所変更	目標もサービスも変わらない(利用者の状況以外の原因による)単なる事業所変更については、(略)
目標を達成するためのサービス内容が変わるだけの場合	第1表の総合的な援助の方針や第2表の生活全般の解決すべき課題、目標、サービス種別等が変わらない範囲で、目標を達成するためのサービス内容が変わるだけの場合には、(略)
担当介護支援専門員の変更	契約している居宅介護支援事業所における担当介護支援専門員の変更(但し、**新しい担当者が利用者はじめ各サービス担当者と面識を有していること。**)のような場合には、(略)

第
2
表

「見直し通知」には、ケアプランの軽微な変更について例示されています。ただし、(略)の部分には、すべて「『軽微な変更』に該当する場合があるものと考えられる。なお、これはあくまで例示であり、『軽微な変更』に該当するかどうかは、変更する内容が同基準第13条第3号(継続的かつ計画的な指定居宅サービス等の利用)から第12※号(担当者に対する個別サービス計画の提出依頼※)までの一連の業務を行う必要性の高い変更であるかどうかによって軽微か否かを判断すべきものである。」が入り、個々のケースで判断する必要性が示されています。

※で示した部分は、現行法令等の変更を受け、通知を読み替えて使う部分です

Q34 標準様式の該当部分
（「長期目標」及び「短期目標」に付する）「期間」等

「短期目標」の「期間」の終了に際して、利用者の希望による"軽微な変更"で、「長期目標」の「期間」まで「短期目標」の「期間」を延長する場合はどのように取り扱うのか？

■回答

　サービス内容への具体的な影響がほとんど認められないような軽微な変更については、変更記録の箇所の冒頭に変更時点を明記しつつ、同一用紙に継続して記載することができる。

■根拠法令等

　運営基準第 13 条第 13 号、第 16 号、見直し通知、標準様式通知別紙 3 の Ⅲ、Ⅳの 2 ②、③

■解説

　運営基準第 13 条第 16 号に示されているとおり、ケアマネジャーは、ケアプランを変更する際には、原則として基準第 13 条第 3 号から第 12 号までに規定されたケアプラン作成にあたっての一連の業務を行う必要があります。

　しかし、**利用者の希望による軽微な変更**（例えばサービス提供日時の変更等で、ケアマネジャーが基準第 13 条第 3 号から第 12 号までに掲げる一連の業務を行う必要性がないと判断したもの）を行う場合には、この必要はありません。

　ただし、この場合においても、ケアマネジャーが、利用者の解決すべき課題の変化に留意することが重要であることは、同条第 13 号（⑬居宅サービス計画の実施状況等の把握及び評価等）にも規定されていることを確認しておきましょう。すなわち、ケアプランを作成した当初から、目標の延長を予定しておくことなどはできません（解釈通知第二の（7）⑯）。

　そもそも、目標は達成するために立てられるものであり、目標を達成するためにケアプランはあります（標準様式通知別紙3のIVの2③）。つまり、"見直し通知に挙げられた内容に該当すればすべて軽微な変更として取り扱ってもよい"という意味ではなく、いずれの状況であっても、モニタリングの結果と短期目標終了時点での再アセスメントにより、それを判断しなければなりません。**"いま、ここで""そのとき、その利用者にとって"**という視点で、基準第13条第3号から第12号までに掲げる一連の業務を行う必要性をそのつどケアマネジャーが判断し、利用者の希望に沿った運用が求められます。

　本問の場合においても、短期目標の終了時のモニタリングと再アセスメントにより、"単なる目標設定期間の延長（ケアプラン上の目標設定（課題や期間）を変更する必要がなく、単に目標設定期間を延長する場合など）になった場合に関しても、「軽微な変更」に該当するかどうかを判断しなければなりません。

　なお、標準様式通知別紙3のIIIにも示されているとおり、ケアプランは"時点主義"で作成する書類です。軽微な変更として取り扱う場合においても、**変更時点を変更箇所の冒頭に明記**したうえで、取り扱うなど公的な書類としての取決めは守りましょう。

　また、地域保険である介護保険制度においては、修正の仕方や「変更箇所の冒頭」の考え方などの取扱いが、保険者等によって異なっていますので注意が必要です（次ページコラム参照）。

　まずは事業所内での手順や表記を統一したのち、保険者等の指示やルールを確認し、それぞれの事情に鑑み、適切に対応しましょう。

　手順等が決まっていない場合には、「どうしたらよいのか方向を示せ」と保険者等に詰問調で問い合わせをする前に、近隣の事業所や地域包括支援センター等と協力し、地域のルールをつくり、保険者等に提案するなどの積極的な対応も検討ください。

■ 関連 Q&A

　全般：Q11、第1表：Q1、Q30〜Q32、第2表：Q1、Q33

軽微な変更でのケアプランの取扱いの違い

　短期目標の期間が終了し、新たな短期目標の期間を軽微な変更にて、長期目標の期間まで延長する際の取扱いについては、次のような場合が一般的です。

○全国共通の内容

　第2表について、変更内容（この場合は、短期目標の期間と、援助内容の期間）と変更時点がわかるように修正する

○ローカルルールがある内容

【帳票の取扱いの違いの例】

・軽微な変更として取り扱ったことがわかるよう、原則として上書きとすること

・利用者等の確認がしやすいよう、原則として別葉（新規の用紙）を使うこと

【「変更箇所の冒頭」の考え方の差による手順の違いの例】

①第2表の作成年月日を変更箇所の冒頭と考えている場合

　第2表の作成年月日に、変更した日付を記載する

②第1表の作成年月日を変更箇所の冒頭と考えている場合

　第2表の作成年月日及び第1表の作成年月日に変更した日付を記載する

③第1表の利用者同意欄を変更箇所の冒頭と考えている場合

　第2表の作成年月日及び第1表の作成年月日に変更した日付を記載する

　その後、利用者に説明し、変更の同意を得たことが明らかになるよう、新しい同意日と署名を受ける

　なお、上書きで対応する際には、事業所として責任ある対応を徹底するためなどの理由から、変更者が明確になるよう、"変更箇所にケアマネジャーの印鑑を押すこと"などのルールを決めている保険者もあります。

第4章

第3表
週間サービス
計画表

　第3表は、第2表に位置づけた支援内容等について、週単位で示した帳票です。併せて、週単位以外のサービスを記載することにより、不定期に利用する短期入所系サービスや福祉用具、通院などの曜日に限定されないサービスも含めた、生活の全体像と中長期的な計画も把握できます。

　利用者と家族の日常生活を全体的に広く見渡すことができるため、利用者が自分の生活を主体的に組み立てることができます。また、理念の異なる複数のサービス事業者がチームとして有効に機能するためにも、上手に使いこなしたい帳票です。

第3表

利用者名　　　　　殿

		月曜日	火曜日	水曜日	木曜
深夜	4：00				
	6：00				
早朝	8：00				
午前	10：00				
	12：00				
午後	14：00				
	16：00				
	18：00				
夜間	20：00				
	22：00				
深夜	24：00				
	2：00				
	4：00				
週単位以外の サービス					

> この様式については、時間軸、曜日軸の縦横をどちらにとってもかまいません。

ビス計画表 　　　　　　　　作成年月日　　年　月　日

年　月分より

	金曜日	土曜日	日曜日	主な日常生活上の活動

利用者の起床や就寝、食事、排泄などの平均的な一日の過ごし方について記載します。

第3表（7）

Q1 第3表（週間サービス計画表）は作成しなければならないのか？

Q2 第3表はどの程度の量を記載すればよいのか？

Q3 第3表の「作成年月日」の日付はいつを書くべきなのか？

Q4 「主な日常生活上の活動」は空欄でもよいのか？

Q5 「主な日常生活上の活動」には、介護を担当している家族の日課の記載は必要か？

Q6 「主な日常生活上の活動」が空欄の場合には、運営基準減算になるのか？

Q7 「週単位以外のサービス」には、何を書くのか？

頻度：★★★☆

Q1
標準様式の該当部分
（第3表全体）

第3表（週間サービス計画表）は作成しなければならないのか？

■回答

居宅介護支援においては、作成、説明、文書同意、交付の義務がある。
施設の介護支援においては、作成や説明等は任意である。

■根拠法令等

（居宅サービス計画）法第8条第24項、運営基準第13条第10号等
（施設サービス計画）法第8条第26項、施設の運営基準第12条第7項等、
標準様式通知別紙3のVIの3

■解説

居宅介護支援においては、第3表（週間サービス計画表）は、ケアプランに該当する帳票のため、**利用者または家族への説明、利用者の文書同意、利用者と担当者への交付**（以下、「説明等」）**が**義務づけられています。このため、居宅介護支援においては、ケアマネジャーが第3表を作成しなくてはなりません。

一方、施設の介護支援において第3表は、施設のケアプランに該当しない（ケアプランに準ずる）帳票です。また、標準様式通知別紙3のVIの3の「居宅サービス計画書との相違点」においても、第3表については、「第4表『日課計画表』との選定による使用を可能とする」と示されているように、**第3表の作成は任意**です（施設の介護支援においては、第3表の作成と説明等の義務はありません）。

■関連Q&A

全般：Q3、第2表：Q29

Q2
標準様式の該当部分
（第 3 表全体）

第 3 表はどの程度の量を記載すればよいのか？

■ 回答

　どの程度の量を記載すればよいという目安はない。利用者の生活の全体像を、利用者を含むケアチームが把握できるよう作成する。

■ 根拠法令等

　なし（参考：保険外サービス通知、マニュアル第 3 表の質問 1）

■ 解説

　第 3 表は、単なるスケジュール表ではありません。利用者と家族の週単位の生活全体の流れを把握するとともに、担当者等の役割（利用者・家族・サービス担当者・ケアマネジャー等）を皆で確認し合い、**効果的なチームケアを推進するための帳票**です。

　そして、第 3 表で利用者の生活全体をとらえることにより、アセスメントの不足の有無等について見直すことも可能となります。

　また、利用者のニーズ以外で利用する保険外サービス（例：家族の部屋の掃除など）については、第 2 表に記載できないものもあります。保険外サービス通知にて、保険外サービスについても、ケアマネジャーが必要に応じて本表を活用することが示されました。

　つまり、第 3 表に書き込む量で悩むよりも、利用者を含むケアチーム全員が、保険内外のサービスも含めて**本人らしい生活を具体的にイメージすることができる**かどうかが、第 3 表の作成や記載内容を評価する指標になるといえるでしょう。

■ 関連 Q&A

　第 3 表：Q4 〜 Q6

頻度：★★★★

Q3

標準様式の該当部分
「作成年月日」

第3表の「作成年月日」の日付はいつを書くべきなのか？

■ 回答

第3表を作成した年月日を記載する（考え方は、第1表と同様）。

■ 根拠法令等

なし（参考：「介護サービス計画書（ケアプラン）様式の一部改正についてのQ&A」全国高齢者保健福祉・介護保険担当課長会議資料（平成16年2月19日））

■ 解説

第1表Q1等で確認してきたとおり、「作成年月日」は、利用者とケアマネジャーの**共通認識の時点を明らかにし、ケアプランの管理を徹底する**ため、2003（平成15）年に、すべての標準様式に追加されました。

このため、ケアプラン原案の作成日、サービス担当者会議の開催日、利用者に説明した日、ケアプランの文書同意を受けた日のいずれかとすることが多い印象を受けています。また、連動した帳票である第1表〜第3表の管理を徹底するために、第1表〜第3表の作成年月日は、同一の日付を記載することが一般的です。

ただし、どの日を作成年月日の基本的な日付にするか、事業所内で統一するとともに、保険者等の指示やルールがある場合（例：ケアプランの同意日と合わせること、第1表、第2表の日付より前にならないこと）などには、それに従いましょう。

■ 関連Q&A

第1表：Q1、第2表：Q1、第4表：Q1、第6表等：Q7

Q4 標準様式の該当部分
「主な日常生活上の活動」

「主な日常生活上の活動」は空欄でもよいのか？

■ 回答

　空欄は望ましくない。利用者の起床や就寝、食事、排泄など主要な日常生活に関する活動を明らかにし、対応するサービスとの関係がわかるようにするために記載する。

■ 根拠法令等

　標準様式通知別紙 3 のⅣの 3 ①、マニュアル第 3 表の質問 2

■ 解説

　本欄は、利用者の起床や就寝、食事、排泄などの平均的な一日の過ごし方について記載する欄です。利用者等の日常の過ごし方を把握することで、**利用者のニーズ**と**生活リズムとの関係性を分析**することができます。

　ニーズを解決するヒントは、利用者の日々の暮らしのなかに隠れていることが往々にしてあります。また、自身のことについて客観的に把握することが困難となっている利用者も多いため、ケアマネジャーが、担当者の専門的な視点を生活リズムに向けていく仕掛けとしても本欄を活用します。

　しかし、標準様式において、本欄は第 3 表の右端にあるために、介護サービス中心に一週間が組み立てられている印象もあり、結果的に本人の「一日の過ごし方」が軽視されてしまう危険があるので注意が必要です。

　利用者の自立支援と**事故予防**に必要な情報を記載する本欄が、空欄のままでよいわけがありません。適切な取扱いを心がけましょう。

■ 関連 Q&A

　第 3 表：Q2、Q5、Q6

頻度：★★★

Q5
標準様式の該当部分
「**主な日常生活上の活動**」

「**主な日常生活上の活動**」には、介護を担当している家族の日課の記載は必要か？

■回答

　主たる介護者の介護のかかわりと不在の時間帯等がわかると、利用者の事故予防とサービスの必要性等も明らかになるため記載したほうがよい。

■根拠法令等

　標準様式通知別紙3のIVの3①、マニュアル第3表の質問3

■解説

「主な日常生活上の活動」には、利用者の起床や就寝、食事、排泄などの平均的な一日の過ごし方について記載します。

　併せて本欄に、主たる介護者の介護のかかわりとその時間帯等について記載することで、**利用者が大切にしている日課や不安に感じる時間帯**などが明確になります。

　これにより、事故予防のためにサービスを手厚くしたほうがよい時間、家族の役割を奪わないようにあえてサービスを控える時間帯などについてが、明らかになり、ケアチームの共通認識を図ることができるのです。

　また、同居をしている家族同士でも、互いの一日や一週間の過ごし方を把握しているようで知らない場合もあります。ケアマネジャーが、利用者と家族の双方が**互いの生活を理解し合えるようはたらきかける**際などにも、本欄を上手に使いこなしましょう。

■関連Q&A

　第3表：Q2、Q4、Q6

第
3
表
：
Q
4
・
Q
5

127

Q6
標準様式の該当部分
「主な日常生活上の活動」

「主な日常生活上の活動」が空欄の場合には、運営基準減算になるのか？

■ 回答

運営基準減算には該当しない。しかし、その人らしい生活を支えるために、本欄は記載すべきである。

■ 根拠法令等

運営基準第4条第2項、第13条第7号、第9号、第10号、第11号、第14号、第15号、第16号、算定基準注2、大臣基準告示第82号、算定基準の解釈通知第三の6、標準様式通知別紙3のIVの3①

■ 解説

運営基準減算は、大臣基準告示第82号に該当する運営基準の条項を適切に運用できなかった場合に適用される減算です（19ページコラム参照）。このため、本欄の記載がないことだけをもって、運営基準減算が適用されることはありません。

しかし、本欄の記載により、その人らしい「一日の生活リズム」を基本においたサービス提供の曜日と時間の組み立て、家族を含めた介入や支援が必要なタイミングに対応することが可能となります。

運営基準減算に該当しないからといって、空欄のままでよいわけではありません。ケアマネジメントを担当する者として、利用者の利益につながる対応を心がけ、本欄についても適切に取り扱いましょう。

■ 関連 Q&A

全般：Q10、第3表：Q2、Q4、Q5

頻度：★★☆

Q7　標準様式の該当部分
「**週単位以外のサービス**」

「週単位以外のサービス」には、何を書くのか？

■ 回答

週単位以外のサービスを利用する場合に記載する。また、家族の希望で利用する保険外サービスなども本欄に記載する。

■ 根拠法令等

なし（参考：保険外サービス通知、マニュアル第3表の質問4）

■ 解説

本欄には、第2表に位置づけた曜日に限定されない週単位以外のサービスを記載します。具体的には、医療機関の受診や訪問診療、不定期に利用する短期入所系サービス、福祉用具の種目、住宅改修、月に1～2回程度のボランティアや曜日が決まっていない近隣の人の支援などです。

利用者の生活は、週単位のサービスだけに支えられているわけではありません。本欄を記載することにより、期間限定で利用するサービスや、月単位で利用するサービスも含めて、**利用者の生活を支援する体制の全体像を把握する**ことができます。それぞれのサービスと利用者の生活における関連性がみえるため、サービス提供の不足や見誤りなどがないかを確認することができます。

なお、第3表Q2でもふれたとおり、保険外サービス通知にて、保険外サービスについても、必要に応じてケアプランへ記載するよう示されています。利用者の生活を支えるサービス等については、介護保険の給付の対象となるかどうかを問わず、適切に取り扱い、ケアプランに記載しましょう。

■ 関連Q&A

全般：Q8、第2表：Q22、Q25

129

社会資源の概念

　社会資源とは、外的資源と内的資源を包括した言葉です。世のなかのモノや人は、意識し活用することで初めて資源となります。

　ケアマネジメントにおいては、利用者の内外にある資源を使いこなせるよう、意識しましょう。

社会資源の概念図

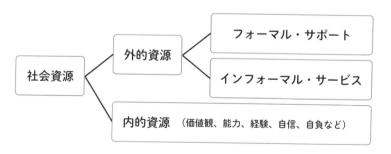

出典：後藤佳苗『改訂　法的根拠に基づくケアマネ実務ハンドブック　Q&Aでおさえる業務のツボ』
　　　中央法規出版, p.30, 2018. を一部改変

第5章

第4表
サービス担当者
会議の要点

　第4表は、作成したケアプラン原案を協議し、調整するために（ケアプランとして確定させる過程で）開いたサービス担当者会議の要点を記載する帳票です。

　また、サービス担当者会議を開催できなかった場合や、当該会議に欠席した担当者に対して行った照会の日付や内容についても、ケアマネジャーが記載します。

　標準様式は時点主義を原則としますが、第4表には日付を記載する欄が作成年月日と開催日しかないため、照会（依頼）した年月日等の記載漏れを起こさないよう、注意が必要です。

利用者名 _____　　　　　殿

開催日 _____ 年 　 月 　 日 　 開催場所 _____

会議出席者	所属（職種）	氏名	所

検討した項目	

検討内容	

会議において検討した項目について、それぞれ検討内容を記載します。

結論	

会議における結論について記載します。

残された課題 （次回の開催時期）	

作成年月日　　年　月　日

会議の要点

> サービス担当者会議を開催した場合に、会議の要点について記載します。また、サービス担当者会議を開催しない場合やサービス担当者が会議に出席できない場合に、サービス担当者に対して行った照会の内容等についても記載します。

宅サービス計画作成者（担当者）氏名

開催時間　　　　　　　　　　　　　　　　　開催回数　◀──　会議の開催回数を記載します。

職種)	氏名	所属（職種）	氏名

> 会議出席者の「所属（職種）」及び「氏名」を記載します。本人やその家族が出席した場合には、その旨についても記入します。また、会議に出席できないサービス担当者がいる場合には、その者の「所属（職種）」及び「氏名」を記載するとともに、会議に出席できない理由についても記入します。なお、会議に出席できないサービス担当者の「所属（職種）」、「氏名」または会議に出席できない理由について他の書類等により確認することができる場合は、本表への記載を省略しても差し支えありません。

> 会議で検討した項目について記載します。会議に出席できないサービス担当者がいる場合には、その者に照会（依頼）した年月日、内容及び回答を記載します。また、サービス担当者会議を開催しない場合には、その理由を記載するとともに、サービス担当者の氏名、照会（依頼）年月日、照会（依頼）した内容及び回答を記載します。なお、サービス担当者会議を開催しない理由またはサービス担当者の氏名、照会（依頼）年月日、照会（依頼）した内容及び回答について他の書類等により確認することができる場合は、本表への記載を省略しても差し支えありません。

> 必要があるにもかかわらず社会資源が地域に不足しているため未充足となった場合や、必要と考えられるものの本人の希望等により利用しなかった居宅サービスがある場合などはここに記入します。次回の開催時期、開催方針等についても記載します。

第4表（6）

Q1 第4表（サービス担当者会議の要点）の「作成年月日」の日付はいつを書くべきなのか？

Q2 「会議出席者」の記載方法は？

Q3 「検討した項目」の記載方法は？

Q4 「検討した項目」「検討内容」「結論」を記載する際の留意点は？

Q5 「残された課題」には何を書くのか？

Q6 第4表の担当者への交付義務はあるのか？

頻度：★★★

Q1 標準様式の該当部分
「作成年月日」

第4表（サービス担当者会議の要点）の「作成年月日」の日付はいつ
を書くべきなのか？

■ 回答

第4表をケアマネジャーが作成（記録）した日を記載する。

■ 根拠法令等

なし（参考：「介護サービス計画書（ケアプラン）様式の一部改正につい
てのQ&A」全国高齢者保健福祉・介護保険担当課長会議資料（平成16
年2月19日）、標準様式通知別紙3のVの1⑫）

■ 解説

現在の標準様式通知には、居宅サービス計画書の第6表（サービス利用票）
以外の「作成年月日」については、記載要領が示されていません。
「作成年月日」は、2003（平成15）年9月26日の標準様式通知の一部改
正により、すべての標準様式に追加されました。この際、「作成年月日が追
加された理由（改正の趣旨）」として、以下の内容が示されました。

> 改正前の標準様式では、各表の内容について、利用者（家族）と介護支援専門
> 員等（援助者）との間で共通認識がどの時点でなされたのかがわかりにくいと
> のご意見があったため、**共通認識された日（作成日）を一見して確認できるよう、**
> **各表の共通した位置に欄を追加したものである。** 　（下線等は筆者）

つまり、「作成年月日」は、**利用者への説明と同意の徹底**のため、追加さ
れた内容です。
加えて、第4表（サービス担当者会議の要点）の「作成年月日」に、い
つの時点の日付を書くのかについては、標準様式通知の改正がされた同じ年
度の全国高齢者保健福祉・介護保険担当課長会議（平成16年2月19日）
においての質疑応答が参考として利用されています。

135

> Q1：「作成年月日」とは、何の日付を記載するのか。
>
> Ａ：利用者（家族）と介護支援専門員等（援助者）との間で、**介護サービス計画原案について説明・同意（共通認識）がなされた日**である。
>
> 　なお、居宅サービス計画「第4表」、「第5表」及び施設サービス計画「第5表」、「第6表」については、**介護支援専門員が作成（記録）した日**である。
>
> 　また、居宅サービス計画「第5表」及び施設サービス計画「第6表」については、介護支援専門員が作成（記録）を開始した日である。

※下線部分の標準様式の帳票番号は、現在のものに改変。現在、標準様式ではない帳票については、見え消しで削除

　しかし、第4表の場合、「ケアマネジャーが作成（記録）した日」を確定しにくい事情もあります。具体的には、サービス担当者会議前に欠席者の情報も含めた概要をつくってから出席者に配布する場合や、会議中に第4表の作成を行う場合、会議終了直後に取りまとめる場合、終了後の積み残し議題などの連絡調整がすべて済んでから作成する場合など、事例や状況によって「作成（記録）した日」が前後することもあるからです。

　このため、第4表の作成年月日については、事業所での書類管理の徹底などの理由から、作成を開始した日とする、サービス担当者会議の開催日に合わせる、利用者の文書同意日（ケアプランとなった日）と一緒にする、ひととおり情報がそろい、第4表が完成形になった日とするなど、事業所ごとにルールをつくっている場合もあるようです。

　第4表の「作成年月日」の日付については、まずは事業所のルールを決めて、事業所内のケアマネジャー同士で統一することから始めましょう。

■ 関連 Q&A

　第1表：Q1、第2表：Q1、第3表：Q3、第6表等：Q7

頻度：★★★☆

Q2 標準様式の該当部分
「**会議出席者**」

「会議出席者」の記載方法は？

■ 回答

　担当者の「所属（職種）」及び「氏名」を記載し、欠席した担当者については、会議に出席できない理由も併せて記入する。本人や家族が出席した場合には、「氏名」を記入する。

■ 根拠法令等

　運営基準第 13 条第 9 号、第 15 号、標準様式通知別紙 3 のIVの 4 ⑨

■ 解説

　サービス担当者会議は、ケアプラン原案に位置づけた担当者を招集し、利用者の状況等に関する情報を担当者と共有するとともに、当該ケアプラン原案の内容について、担当者から、専門的な見地からの意見を求めることを目的としています。

　このため、「会議出席者」の欄には、**会議の出欠にかかわらず**、担当者の「**所属（職種）**」と「**氏名**」を記載し、**欠席した担当者については、出席できない理由**についても併せて記載します。本人またはその家族が出席した場合には、その旨についても記入します。

　なお、標準様式通知では、当該会議に出席できない担当者の「所属（職種）」「氏名」「出席できない理由」について、他の書類等により確認することができる場合は、本表への記載を省略して差し支えないとされていますが、書類管理の利便性から、本欄の使用を優先されることをお勧めします。

■ 関連 Q&A

　第 4 表：Q3 ～ Q5

Q3

「検討した項目」の記載方法は？

■ 回答

　会議で検討した項目について記載する。会議に出席できない担当者がいる場合や、サービス担当者会議を開催できない場合には、ケアマネジャーがその概要を記載する。

■ 根拠法令等

　標準様式通知別紙 3 の Ⅲ、Ⅳの 4 ⑩

■ 解説

「検討した項目」は、会議で検討した項目を記載し、併せて、会議に出席できない担当者については、**照会（依頼）した年月日、内容及び回答をケアマネジャーが記載**します。

　また、サービス担当者会議を開催できない場合には、その理由を記載したうえで、担当者の氏名、照会（依頼）年月日、照会（依頼）した内容及び回答を記載します。

　なお、サービス担当者会議を開催できない理由等について、他の書類等で確認することができる場合は、本表への記載を省略して差し支えないとされています。このため、照会等の記録については、第 4 表以外に第 5 表（居宅介護支援経過）に記載する場合、旧第 5 表（次ページ参照）を使用する場合などさまざまです。まずは事業所のルールを決めて対応しましょう。

■ 関連 Q&A

　第 4 表：Q2、Q4、Q5

第4表：Q3

第5表 （旧様式）

作成年月日　　年　　月　　日

サービス担当者に対する照会（依頼）内容

利用者氏名　　　　　　　　殿　　　　　　居宅サービス計画作成者（照会者）氏名

サービス担当者会議に出席できない理由

照会（依頼）先	照会（依頼）年月日	照会（依頼）内容	回答者氏名	回答年月日	回答内容

※ サービス担当者会議に出席できない場合などに使用すること

139

Q4

「検討した項目」「検討内容」「結論」を記載する際の留意点は？

■回答

「検討した項目」に番号を振り、その番号に対応して、「検討内容」「結論」がわかるように記録すると便利である。

■根拠法令等

標準様式通知別紙3のⅣの4⑩〜⑫

■解説

「検討した項目」「検討内容」「結論」は、**今後の支援内容と直結**しますから、明確にかつ誰が読んでも判断がずれにくいように記録します。

　記録の際には、「検討した項目」に会議の目的を簡潔に記載したうえで、検討項目ごとに番号を振り、その番号と「検討内容」「結論」を対応させていくと、進捗状況等が把握しやすくなります。

「検討内容」には、それぞれの担当者等が提供するサービス内容だけではなく、サービスの留意点や頻度なども併せて記載し、「結論」には、計画を円滑に進められるように話し合った要点を記載します。

　これにより、話し合いの内容、流れ、要点と結果が明確になるため、担当者の役割等の重複や漏れなどの有無についても把握しやすくなります。

　なお、決定事項については、**会議の欠席者にも連絡し、担当者全員で共有**しておきましょう。

■関連Q&A

　第4表：Q2、Q3、Q5

頻度：★★☆

Q5
標準様式の該当部分
「**残された課題（次回の開催時期等）**」

「残された課題」には何を書くのか？

■回答

　必要があるにもかかわらず社会資源が地域に不足しているため未充足となった場合や、必要と考えられるが本人の希望等により利用しなかった居宅サービスや次回の開催時期、開催方針等を記載する。

■根拠法令等

　標準様式通知別紙 3 のⅣの 4 ⑬

■解説

　本欄には、会議を開催したが、**結論が出なかった内容**や、**本人の了解が得られなかった支援**などを記載します。併せて、**次回の開催予定日**などについてもわかる範囲で記載しておきます。

　その会議で積み残された課題について、**いつまでに、誰が、何をするのか**をある程度具体的にしておかなければ、そのままにされてしまう危険性もあるため、できるだけ具体的に内容を確認し、方向づけられるよう心がけます。

　また、記載する内容が複雑だったり、量が多くなったりして、第 4 表に記載しきれない場合には、第 5 表等の別紙を活用し議事録を残すなど、状況に合わせて臨機応変な対応も必要になります。

■関連 Q&A

　第 1 表：Q16、第 4 表：Q2 ～ Q4、第 5 表：Q1

Q6 標準様式の該当部分
（第4表全体）

第4表の担当者への交付義務はあるのか？

■回答

第4表の交付義務はない。ただし、利用者や家族が開示請求をした場合には、開示を前提に対応する。

■根拠法令等

運営基準第13条第10号、第11号、第15条、解釈通知第二の3（7）⑩、標準様式通知別紙3のⅢ

■解説

ケアプランは、利用者及び担当者への交付義務が付されています（運営基準第13条第11号）。しかし、第4表は、ケアプランに準ずる様式（運営基準第13条第10号、解釈通知第二の3（7）⑩）のため、**担当者への交付の義務はありません**。

ただし、運営基準第15条に示されているとおり、利用者からの申出があった場合には、**当該利用者に対し、直近の**居宅サービス計画及びその実施状況に関する書類を交付しなければなりません。

また、標準様式は、利用者及びその家族からの開示請求がなされた場合などには開示することを前提に考える様式（標準様式通知別紙3のⅢ）ですから、適切に対応しましょう。

なお、保険者等の指示やルールがある場合（例：第4表は利用者等の了解を得てから、担当者に積極的に開示すること）などには、それに従いましょう。

■関連Q&A

全般：Q1、Q3、第1表：Q29、第5表：Q5

第6章

第5表
居宅介護
支援経過

　第5表は、モニタリングを通じて把握した、利用者やその家族の意向・満足度等、目標の達成度、事業者との調整内容、ケアプランの変更の必要性等について記載します。

　つまり、ケアプランの実行状況を、観察・評価し、ケアプランの見直しの必要性があるかどうかという視点でまとめます。

　併せて細かい記載のルール等が通知には規定されていないため、利用者や家族の主観的情報、専門職の客観的情報、専門職の判断などを第三者が見てもわかるよう、記録する工夫が必要となる帳票です。

居宅介護

利用者名 _____ 殿

年月日	内容
	モニタリングを通じて把握した、利用者やその家族の意向・満足度等、目標の達成度、事業者との 漫然と記載するのではなく、項目ごとに整理して記載するように努めます。

支援経過

作成年月日　　　　年　　月　　日

居宅サービス計画作成者氏名

年月日	内容

調整内容、居宅サービス計画の変更の必要性等について記載します。

第5表 (5)

Q1 第5表（居宅介護支援経過）には、何を書くのか？

Q2 第5表を作成するにあたっての留意点は？

Q3 第5表の様式を変更することは可能か？

Q4 「別紙参照」と記載し、別紙を添付することは可能か？

Q5 第5表の利用者や担当者への交付義務はあるのか？

頻度：★★★☆

Q1 標準様式の該当部分
（第5表全体）

第5表（居宅介護支援経過）には、何を書くのか？

■回答

モニタリングを通じて把握した、利用者やその家族の意向・満足度等、目標の達成度、事業者との調整内容、居宅サービス計画の変更の必要性等について記載する。

■根拠法令等

法第7条第5項、標準様式通知別紙3のIVの5

■解説

第5表（居宅介護支援経過）は、ケアマネジメントのすべての局面で使用できる帳票です。別の言い方をすると、第5表は、ケアマネジャーの定義である連絡調整等の義務を果たし、**利用者等への適切な介護支援の提供を保証する**ために記載する帳票ともいえます。

このため、利用者と家族の認識の違い、利用者と家族が互いに知られたくないと思っている内容や、情報量等が少なく確定が難しい情報など、ケアプランへの記載はできないもののケアプランの作成や変更に必要な内容などについても、第5表に記載します。

つまり、第5表は、アセスメントの結果を踏まえ、一定水準以上のケアプランを作成（変更）するための思考の順序や要点がわかるよう、必要な情報を時系列にまとめるためにつくられた様式ともいえるでしょう。

■関連Q&A

第1表：Q16、第4表：Q5、第5表：Q2

Q2 標準様式の該当部分
（第5表全体）

第5表を作成するにあたっての留意点は？

■ 回答

標準様式を作成する前提として、①利用者家族への開示を前提としていること、②サービス担当者会議に提出するものであること、③時点主義で記載することが示されている。

■ 根拠法令等

標準様式通知別紙3のⅢ

■ 解説

第5表は、ケアマネジャーの個人的なメモではなく情報開示を前提とした公的な記録です。そして、前問との繰り返しとなりますが、第5表は、利用者への適切な介護支援の提供を保証するために記載します。

また、標準様式については、「様式を作成する前提」として、①利用者家族への開示を前提としていること、②サービス担当者会議に提出するものであること、③時点主義で記載することが示されています。

つまり、ケアマネジャーには、**公的な書類であること**、**ケアマネジメントの証拠となる書類であること**、**他者が読む可能性があること**などを意識し、第5表を記載することが求められています。漫然と記載するのではなく、項目ごとに整理して記載するなど、適切な記録の記載と整備に努めましょう。

■ 関連Q&A

第5表：Q1、Q4

頻度：★★★☆

Q3 標準様式の該当部分
（第5表全体）

第5表の様式を変更することは可能か？

■ 回答

可能である。ただし、標準様式の基本的な考え方を損ねる変更や、趣旨の逸脱ととらえられるような変更は避ける。

■ 根拠法令等

標準様式通知別紙3の1

■ 解説

標準様式を活用することにより、**一定水準のケアプランを作成すること**や、サービス担当者会議（ケアカンファレンス）等において、**サービス担当者間の共通の視点での議論に資すること**を容易にするといわれています。

また、標準様式通知の鑑文には、「当該様式及び項目は介護サービス計画の適切な作成等を担保すべく標準例として提示するものであり、**当該様式以外の様式等の使用を拘束する趣旨のものではない**」と示されています。つまり、標準例として示された帳票ですから、様式に変更を加えて使用することも可能です。

ただし、様式の基本的な考え方までを変えるような大幅な変更については、標準様式の趣旨等から外れるため、不適切と判断されることもあります。変更する際には、事業所やケアマネジャーが使いやすい工夫の範囲内にとどめるべきでしょう。

■ 関連Q&A

第5表：Q4

第5表：Q2・Q3

第5表の様式変更の例

第5表の変更例①

　新人教育用に、事実と判断や思いを分けて記載できるよう枠を作成。判断については、介護支援専門員等の専門職の判断と、利用者の思いの二つに分けた

年月日	できごと	介護支援専門員の判断	利用者等の思い

第5表の変更例②

　利用者の抱える問題点やケアマネジャーの考え方、そして支援の流れがわかりやすいよう、SOAP形式での記録を書きやすいよう枠をつくった例

年月日	①主観的情報	②客観的情報	③アセスメント	④プラン

SOAP

- S（subjective） ：主観的情報　利用者の話から得た情報
- O（objective） ：客観的情報　身体診察・検査から得られた情報
- A（assessment）：査定・評価　SとOから導いた判断
　　　　　　　　　　要約とゴールの両方を記載することが基本とされる
- P（plan） ：計画　支援の方針、支援内容

頻度：★★★☆

Q4
標準様式の該当部分
（第5表全体）

「別紙参照」と記載し、別紙を添付することは可能か？

■回答

可能である。ただし、別紙がどの別紙を指しているかがわかるよう時系列で整備し、適切に保存する。

■根拠法令等

運営基準第13条第10号、第29条第2項、解釈通知第二の3（7）⑩、標準様式通知別紙3のⅢ

■解説

第5表はケアプランに準ずる書類のため（運営基準第13条第10号、解釈通知第二の3（7）⑩）、使用に関する細かい規定はなく、モニタリングシート等の標準様式以外のシートと**併用して使用することも認められています**。

ただし、標準様式は時点主義を原則としているため（標準様式通知別紙3のⅢ）、別紙を多用するあまり、時点があいまいになるなどの不適切な管理は避けましょう。

また、運営基準第29条（記録の整備）第2項に示されているとおり、第5表等についても**個々の利用者ごとに整備**し、**保存する義務**があるため、保存に適した紙を使用するなどの配慮が必要です。

なお、保険者等の指示やルールがある場合（例：別紙を使用する場合には、A4サイズでそろえ通し番号を振ること、別紙の使用はできるだけ控えること）などには、それに従いましょう。

■関連Q&A

第5表：Q2、Q3

Q5 標準様式の該当部分
（第5表全体）

第5表の利用者や担当者への交付義務はあるのか？

■ 回答

交付義務はない。ただし、利用者や家族が開示請求をした場合には、開示を前提に対応する。

■ 根拠法令等

運営基準第13条第10号、第11号、第15条、解釈通知第二の3（7）⑩、標準様式通知別紙3のⅢ

■ 解説

ケアプランに該当する様式を作成した場合には、利用者及び担当者に交付しなければなりません（運営基準第13条第11号）が、第5表は、ケアプランに準ずる様式（運営基準第13条第10号、解釈通知第二の3（7）⑩）のため、**交付の義務は示されていません**。

ただし、事業者は利用者からの申出があった場合には、当該利用者に対し、直近の居宅サービス計画及びその実施状況に関する書類を交付しなければならず（運営基準第15条）、また、標準様式は、利用者及びその家族からの開示請求がなされた場合などには開示することを前提に考える様式です（標準様式通知別紙3のⅢ）。すなわち、第5表についても、**公的な書類として適切な対応**が求められます。

なお、保険者等の指示やルールがある場合（例：第5表は利用者等へ積極的に開示すること）などには、それに従いましょう。

■ 関連Q&A

全般：Q1、Q3、第1表：Q29、第4表：Q6

第7章

第6表
サービス利用票
第7表
サービス利用票別表

　居宅介護支援事業者は、ケアプランに定めた指定居宅サービス等のうち、保険給付対象内のサービスについては、サービスの実績管理（給付管理票の作成）を月単位で行い、その結果を国民健康保険団体連合会に提出する、一連の「給付管理業務」を行います。「給付管理業務」が月を単位として行われるため、「ケアプランの説明及び同意」についても月ごとに確認を要することとなり、月単位で作成するのが「サービス利用票（兼居宅サービス計画）」です。

　利用者の生活の継続と介護保険制度の存続のためにも、ルールを守った帳票作成を確認していきましょう。

第6表 ❷令和　年　月分　サービス

❶ 認定済・申請中

❸ 保険者番号						❸ 保険者名	

| ❸ 被保険者番号 | | | | | | ❸ フリガナ
被保険者氏名 | |

❸ 生年月日	明・大・昭 　　年　月　日		❸ 性別 男・女	❹➤ 要介護状態区分		1　2　3　4　5
				変更後 要介護状態区分		1　2　3　4　5
			❺➤	変更日	令和　　年　月　日	

❶⑤ 提供 時間帯	❶⑥ サービス内容	❶⑦ サービス 事業者 事業所名	日付 曜日 ❶④	1	2	3	4	5	6	7	8	9
			予定									
			実績									
			予定									
			実績									
			予定									
			実績									
			予定									
			実績									
			予定									
			実績									
			予定									
			実績									
			予定									
			実績									
			予定									
			実績									
			予定									
			実績									
			予定									
			実績									
		❶⑧	予定									
		❶⑨	実績									
			予定									
			実績									
			予定									
			実績									

利用票（兼居宅サービス計画）

		居宅介護支援事業者→利用者

| ⑥ 居宅介護支援事業者事業所名　担当者名 | | ❼ 作成年月日 | 令和　　年　月　　日 | 利用者確認 ❽ |
| ❾ 保険者確認印 | | ❿ 届出年月日 | 令和　　　年　　月　　日 | |

| ⓫ 区分支給限度基準額 | 単位／月 | ⓬ 限度額適用期間 | 令和　年　月から 令和　年　月まで | ⓭➡ 前月までの短期入所利用日数 | 日 |

月間サービス計画及び実績の記録

11	12	13	14	15	16	17	18	19	20	21	22	23	24	25	26	27	28	29	30	31	⓴ 合計回数

第6表

155

❶「認定済」「申請中」の区分のどちらかを○で囲みます。「新規申請中」「区分変更申請中」及び「更新申請中に当該認定有効期間を超えた場合」については「申請中」となり、その他の場合が「認定済」となります。

❷居宅サービス計画の対象となる年月を和暦で記載します。

❸被保険者証または資格者証に記載された内容を転記します。

❹「認定済」の場合は、被保険者証に記載された要介護状態区分を○で囲みます。「申請中」の場合は、居宅サービス計画作成にあたって前提とした要介護状態区分を○で囲みます。

❺月の途中で要介護状態区分に変更があった場合に、変更後の要介護状態区分を○で囲み、変更日を記載します。

❻居宅サービス計画を作成した居宅介護支援事業所の名称及び担当者名を記載します。ただし、利用者が作成した場合は記載する必要はありません。

❼居宅サービス計画からサービス利用票を作成し、利用者の同意を得た日付を記載します。

居宅サービス計画の変更を行った場合は、変更後の居宅サービス計画にもとづいてサービス利用票を作成し、利用者の同意を得た日付を記載します。ただし、利用者が作成した場合は、記載する必要はありません。

❽居宅介護支援事業者が保存するサービス利用票（控）に、利用者の確認を受けます。ただし、利用者が作成した場合は、記載する必要はありません。

❾利用者が自ら作成した居宅サービス計画にもとづきサービス利用票を作成した場合に、その受付を行った市町村が確認印を押印します。ただし、居宅介護支援事業者が作成したサービス利用票を受けつけた場合は、押印する必要はありません。

❿利用者が自ら作成した居宅サービス計画にもとづきサービス利用票を作成した場合に、その受付を行った市町村が市町村に届け出た年月日を記載します。ただし、居宅介護支援事業者が作成したサービス利用票を受けつけた場合は、記載する必要はありません。

⓫被保険者証に記載された支給限度基準額（単位数）を記載します。「申請中」の場合は、居宅サービス計画作成にあたって前提とした要介護状態区分に応じた１月間あたりの支給限度基準額（単位数）（月途中の変更が

ある場合には、重いほうの「要介護状態区分」に対応した額と一致する。）
を記載します。

⓬被保険者証に記載された限度額適用期間を記載します。

⓭計画対象月までの短期入所利用日数を記載します。新規認定申請中の場
合は、「0」と記載します。

⓮対象月における日付に対応する曜日を記載します。

⓯サービス提供開始から終了までの予定時刻を 24 時間制で記載します。
サービス提供時間帯が決まっているものは、提供時間帯の早い順（0：00
～ 24：00）に記載します。ただし、福祉用具貸与及び短期入所サービス
の場合は、記載する必要はありません。

⓰適用するサービスコードに対応するサービスの名称（「介護給付費単位数・
サービスコード表」の省略名称）を記載します。

⓱サービス提供を行う事業所の名称を記載します。

⓲該当するサービスの提供回数（通常は「1」）を記載します。ただし、福
祉用具貸与の場合は、記載する必要はありません。

⓳サービスを提供した事業所が実績を記載します。計画を作成する時点で
の記載は必要ありません。

⓴各行の「予定」欄に記載された提供回数の合計を記載します。ただし、
福祉用具貸与の場合は、記載する必要はありません。

第
6
表

157

第7表

区分支給限度管理・利用者負担計算

事業所名	事業所番号	サービス内容／種類	サービスコード	単位数	割引率%	適用後単位数	回数	サービス単位／金額
❶	❷	❸	❹	❺	❻	❼	❽	❾

第6表「サービス利用票」の各行から、支給限度管理の対象となるサービスをすべて転記します。記載は、サービス提供事業所ごとに記載することとし、同一事業所で複数のサービスを提供する場合は、サービスコードごとに記載します。また、事業所またはサービス種類（サービスコードの上2桁）が変わるごとに、その事業所またはサービス種類ごとの集計値を記載するための集計行を1行ずつ挿入します（1つのサービス種類について1つしかサービスコードがない場合は、集計行は不要）。

				区分支給限度基準額(単位) ⓬			合計	

種類別支給限度管理

サービス種類	種類支給限度基準額(単位)	合計単位数	種類支給限度基準を超える単位数	サービス種類	種類支給限度基準額(単位)	合計単位数
訪問介護				短期入所生活介護		
訪問入浴介護				短期入所療養介護		
訪問看護				夜間対応型訪問介護		
訪問リハビリテーション				認知症対応型通所介護		
通所介護				認知症対応型共同生活介護		
通所リハビリテーション				合計		
福祉用具貸与						

要介護認定期間中の短期入所利用日数

前月までの利用日数	当月の計画利用日数	累積使用日数

用票別表

作成年月日　　年　　月　　日

給限度基準る単位数	種類支給限度基準内単位数 ⑪	区分支給限度基準を超える単位数 ⑬	区分支給限度基準内単位数 ⑭	単位数単価 ⑮	費用総額(保険対象分) ⑯	給付率(%) ⑰	保険給付額 ⑱	利用者負担(保険対象分) ⑲	利用者負担(全額負担分) ⑳

類支給限度基準超える単位数

❶第6表「サービス利用票」の「サービス事業者事業所名」欄から転記します。集計行にも対象事業所名を記載します。

❷「事業所名」に対応する事業所番号を記載します。集計行にも対象事業所の事業所番号を記載します。

❸第6表「サービス利用票」の「サービス内容」欄から転記します。集計行には、サービス種類の名称を記載します。

❹「サービス内容／種類」に対応するサービスコードを記載します。集計行には、記載する必要はありません。

❺「サービスコード」に対応する1回あたりの単位を記載します。ただし、福祉用具貸与の場合は、記載する必要はありません。また、集計行には、記載する必要はありません。

❻料金割引を行っている場合には、「サービス内容／種類」に対応する割引率を確認し、割引後の率（割引後率 =100% − 割引率（%））を記載します。

❼「率 %」の記載を行っている場合（料金割引を行っている場合）には、「単位数」に「割引後率」を乗じて算出した割引後の単位数（小数点以下四捨五入）を記載します。

❽第6表「サービス利用票」の「予定」欄から1月間分の合計回数（同表の「合計回数」欄）を転記します。ただし、福祉用具貸与の場合は、記載する必要はありません。また、集計行には、記載する必要はありません。

❾「単位数」（料金割引を行っている場合は、「割引後単位数」）に「回数」を乗じて算出した結果を、集計行を識別できるようかっこ書き等により記載します。区分支給限度管理対象外のサービス（特別地域加算等）については、合計には含めないため、識別できるよう記載します。福祉用具貸与の場合は、実際の費用額を単位数あたり単価で除した結果（小数点以下四捨五入）を記載します。

❿市町村が種類支給限度基準を定めている場合には、「種類支給限度基準を超える単位数」の合計に等しくなるように単位数を種類別に振り分けます。

⓫市町村が種類支給限度基準を定めている場合には、「サービス単位／金額」から「種類支給限度基準を超える単位数」で割り振られた単位数を差し引いた単位数を記載します。

⓬「被保険者証」から、区分支給限度基準額を転記します。

⓭種類支給限度基準が設定されていない場合は、「区分支給限度基準額（単位）」から「サービス単位 / 金額」欄の合計欄の単位数を超える単位数を記載します。

種類支給限度基準額が設定されている場合は、「区分支給限度基準額（単位）」から「種類支給限度基準内単位数」欄の合計欄を超える単位数を記載します。内訳については、合計欄に等しくなるように単位数を割り振ります。

⓮種類支給限度基準が設定されていない場合は、「サービス単位 / 金額」から、「区分支給限度基準を超える単位数」で割り振られた単位を差し引いた単位数を記載します。

種類支給限度基準が設定されている場合は、「種類支給限度基準内単位」から、「区分支給限度基準を超える単位数」で割り振られた単位数を差し引いた単位数を記載します。

⓯各事業所の所在地におけるサービス種類に対応する単位数あたりの単価を記載します。

⓰「区分支給限度基準内単位数」に「単位数単価」を乗じて算出した額（円未満切り捨て）を記載します。

⓱介護給付費の基準額のうち保険給付を行う率を百分率で記載します。利用者負担の減額対象者、保険給付額の減額対象者等は、被保険者証、減額証等を参考にして記載します。

⓲「費用総額（保険対象分）」に「給付率」を乗じて算出した額（円未満切り捨て）を記載します。

⓳「費用総額（保険対象分）」から「保険給付額」を差し引いて算出した額を記載します。なお、端数処理の関係で、実際の事業者の徴収方法（毎回徴収するか、まとめて徴収するか）や、公費負担医療の適用によっては利用者負担が異なる場合があるので注意してください。

⓴「区分支給限度基準を超える単位数」に「単位数単価」を乗じて算出した額（円未満切り捨て）を記載します。

（「種類別支給限度管理」「要介護認定期間中の短期入所利用日数」の記載要領は省略します。）

第6表・第7表（11）

注：本章は、頻度、解説、関連Q&Aは付していません（他の章と体裁が異なります）。

Q1 標準様式の該当部分（**第6表全体**）

第6表は何のためにあるのか？

■回答

　居宅介護支援事業者は、「給付管理業務」を月単位として行う義務があり、「ケアプランの説明及び同意」についても月ごとに確認を要することとなる。

　月単位で第6表（サービス利用票）を作成し、利用者に説明、確認を受けることで、**給付管理業務を円滑に行う**とともに、**利用者への説明責任を果たしている**ことが明確になる。

■根拠法令等

　運営基準第13条第10号、標準様式通知別紙3のⅤ

Q2 標準様式の該当部分（**第6表、第7表全体**）

第6表、第7表に毎月同意を得る際に、併せて提示したほうがよいといわれている帳票は、何表か？

■回答

第1表から第3表までである。

　利用者に「居宅サービス計画の説明及び同意」を得るにあたっては、第6表（サービス利用票）、第7表（サービス利用票別表）だけではなく、ケアプランに該当する帳票である、第1表から第3表についても併せて提示することが望ましい。

■根拠法令等

　運営基準第13条第10号、標準様式通知別紙3のⅤ

月の途中で第6表の再作成が必要な場合は？

■ 回答

　給付管理分冊には、サービス利用票・提供票のつくり直しについて、次のとおりに示されている。

> （次に示すような）利用者の希望等により、当初の居宅サービス計画外のサービスを追加した場合などで、給付管理票の内容に影響がある場合は、サービス利用票及びサービス提供票の再作成が必要となる。
> ・サービス利用票に記載された**事業所ごとのサービス種類の額の合計が当初の計画を上回る場合**
> ・**事業者を変更する場合**　等

　つまり、①事業所ごとのサービス種類の合計が当初より高くなる場合（回数等が増える場合）と②月の途中で事業者を変更する場合には、第6表のつくり直しが必要となる。

　ただし、2010（平成22）年に見直し通知が発出され、利用者の希望による**軽微な変更に該当する場合**には、この限りではない。

　また、保険者等の助言やルールがある場合には、それに従う。

■ 根拠法令等

　運営基準第13条第10号、第13号、第16号、標準様式通知別紙3のⅤ、見直し通知、給付管理分冊 p.53

Q4 標準様式の該当部分**第6表「対象年月」**

第6表の「対象年月」は、西暦で書くのか？　和暦で書くのか？

■回答

居宅サービス計画の対象となる年月を**和暦**で**記載**する。

■根拠法令等

標準様式通知別紙3のVの1②

Q5 標準様式の該当部分**第6表「認定済・申請中の区分」「要介護状態区分」**

区分変更認定などで要介護度が未定のため、暫定ケアプランとしている場合、「要介護状態区分」は空欄でもよいのか？

■回答

空欄にはしない。暫定ケアプランの場合は、申請中を○で囲んだうえで、ケアプラン作成の際に前提とした要介護状態区分を○で囲む。

■根拠法令等

標準様式通知別紙3のVの1①・⑨

「変更後要介護状態区分・変更日」は、当該月の1日に区分変更した場合など、月の途中で要介護状態区分が変わらない場合には、何も記載しなくてよいのか？

■ 回答

本欄は、月の途中で要介護状態区分に変更があった場合に、変更後の要介護状態区分を〇で囲み、変更日を記載する。

このため、月の初日に区分変更認定をした場合など、**月の途中に要介護状態区分が変わらない場合には、記載が不要**である。

■ 根拠法令等

標準様式通知別紙3のⅤの1⑩

第6表の「作成年月日」の日付はいつを書くのか？

■ 回答

居宅サービス計画からサービス利用票を作成し、**利用者の同意を得た日付**を記載する。居宅サービス計画の変更を行った場合は、変更後の居宅サービス計画に基づいてサービス利用票を作成し、利用者の同意を得た日付を記載する。

ただし、利用者が作成した場合は、記載する必要はない。

■ 根拠法令等

標準様式通知別紙3のⅤの1⑫

Q8　標準様式の該当部分**第6表「利用者確認」**

「利用者確認」は、拇印でもよいのか？

■ 回答

　給付管理分冊には、「同意が得られた場合は、『サービス利用票（控）』に確認（サインまたは押印）を受ける」と示されている。このことからも、サインもしくは押印により確認を受けることが一般的になっている。

　なお、居宅介護支援事業者が保存するサービス利用票（控）に、利用者の確認を受ける方法の通知上の指定はなく、法的には拇印が捺印の代わりとして認められる場合もあるが、**拇印による確認は望ましくない。**

　拇印が望ましくないといわれる理由は、大きく二つ挙げられている。

・見た目で利用者のものであるとの確認がしにくいこと
・拇印を押させる行為が、人権的に問題ととらえられる場合もあること
　（個人情報の保護の観点から不要な個人情報を収集することは望ましくないこと）

■ 根拠法令等

標準様式通知別紙3のVの1 ⑬、給付管理分冊 p.7

第6表：Q6・Q7・Q8

167

Q9 標準様式の該当部分 **第6表「区分支給限度基準額」**

月の途中に認定区分が変更になった場合、「区分支給限度基準額」は、どちらの要介護度を書くのか？

■回答

「区分支給限度基準額」には、被保険者証に記載された支給限度基準額（単位数）を記載する。

　ただし、月の途中で変更がある場合には、**重いほうの**「要介護状態区分」に対応した額を記載する。

■根拠法令等

標準様式通知別紙3のVの1⑯

Q10 標準様式の該当部分 **第6表「提供時間帯」**

「提供時間帯」の記載方法は？

■回答

「提供時間帯」は、サービス提供開始から終了までの予定時刻を24時間制で、提供時間帯が決まっているサービスは、**提供開始時間帯の早い順**（0：00～24：00）に記載する。

　ただし、福祉用具貸与及び短期入所サービスの場合は、提供時間帯を記載する必要はない。

■根拠法令等

標準様式通知別紙3のVの1⑳

Q11 標準様式の該当部分（**第7表全体**）

第7表の記載要領は？

■ 回答

第6表の各行から、支給限度管理の対象となるサービスをすべて転記する。

記載は、**サービス提供事業所ごとに記載する**こととし、同一事業所で複数のサービスを提供する場合は、**サービスコードごと**に記載する。

また、事業所またはサービス種類が変わるごとに、その事業所またはサービス種類ごとの集計値を記載するための集計行を一行ずつ挿入する。

ただし、一つのサービス種類について一つしかサービスコードがない場合は、集計行は不要である。

■ 根拠法令等

標準様式通知別紙3のVの2（1）

第6表・第7表‥Q9・Q10・Q11

引用文献

- 後藤佳苗『だいじをギュッと！ ケアマネ実践力シリーズ ケアプランの書き方』中央法規出版，2018.
- 後藤佳苗『改訂 法的根拠に基づくケアマネ実務ハンドブック―Q&A でおさえる業務のツボ』中央法規出版，2018.
- 後藤佳苗『保険者のチェックポイントがわかる！ ケアプラン点検ハンドブック』ぎょうせい，2020.
- 厚生労働省老健局振興課『ケアプラン点検支援マニュアル』2008.
- 鳥取県介護支援専門員連絡協議会編『初任段階介護支援専門員向けマニュアル』2020.

参考文献

- 阿部充宏『文例・事例でわかる 居宅ケアプランの書き方―具体的な表現のヒント』中央法規出版，2020.
- 後藤佳苗『改訂 法的根拠に基づくケアマネ実務ハンドブック【介護報酬・加算減算編】―Q&A でおさえる報酬管理のツボ』中央法規出版，2019.
- 後藤佳苗『サービス担当者会議の取扱説明書』第一法規，2018.
- 後藤佳苗『2018 年改定対応 記載例で学ぶ居宅介護支援経過―書くべきこと・書いてはいけないこと』第一法規，2018.
- 居宅サービス計画書作成の手引編集委員会編『五訂 居宅サービス計画書作成の手引』長寿社会開発センター，2016.
- 中野穣『だいじをギュッと！ ケアマネ実践力シリーズ 施設ケアマネジメント―利用者支援とチームづくりのポイント』中央法規出版，2018.

著者紹介

一般社団法人あたご研究所　代表理事

<ruby>後<rt>ご</rt>藤<rt>とう</rt></ruby> <ruby>佳<rt>か</rt>苗<rt>なえ</rt></ruby>
後藤 佳苗

資格等

- 特定非営利活動法人千葉県介護支援専門員協議会理事、看護学修士（地域看護学）、保健師、介護支援専門員、千葉県介護支援専門員指導者、千葉県介護予防指導者、千葉市認知症介護指導者

略歴・現在の活動

- 千葉県職員（行政保健師）として、保健所、精神科救急病院、千葉県庁母子保健主管課、千葉県庁介護保険担当課等に勤務し、2005年4月～現職
- 介護保険及び高齢者の保健福祉分野を中心に、①ケアマネジメントの研究、②実務者への研修、③保健福祉系の試験対策等　を通じ、対人援助職等の資質向上につながるよう精力的に活動

近著（共著・編集・監修を含む）

- 中央法規出版：『五訂 介護支援専門員のためのケアプラン作成事例集』(2020)、『改訂 法的根拠に基づくケアマネ実務ハンドブック【介護報酬・加算減算編】—Q&A でおさえる報酬管理のツボ』(2019)、『改訂 法的根拠に基づくケアマネ実務ハンドブック—Q&A でおさえる業務のツボ』(2018)、『だいじをギュッと！　ケアマネ実践力シリーズ　ケアプランの書き方』(2018)、『法的根拠に基づく介護事業所運営ハンドブック—Q&A でおさえる業務のツボ』(2015)　　など
- 第一法規：『サービス担当者会議の取扱説明書』(2018)、『2018年改定対応　記載例で学ぶ居宅介護支援経過—書くべきこと・書いてはいけないこと』(2018)　　など

- ぎょうせい：『保険者のチェックポイントがわかる！ ケアプラン点検ハンドブック』（2020）、『ワークブック 自立支援型ケアプラン作成ガイド』（2015）　など
- 南江堂：『看護学テキスト NiCE 家族看護学 改訂第 2 版―19 の臨床場面と 8 つの実践例から考える』（2015）
- 秀和システム：『実践で困らない！ 駆け出しケアマネジャーのためのお仕事マニュアル 第 2 版』（2018）　など
- ユーキャン：『ケアマネ一年生の教科書―新人ケアマネ・咲良ゆかりの場合』（2017）、『サ責一年生の教科書―新人サ責・牧野はるかの場合』（2017）
- ナツメ社：『早引き ケアマネジャーのための介護報酬 加算・減算ハンドブック』（2015）
- メディックメディア：『クエスチョン・バンク ケアマネ 2020』（2019）、『クエスチョン・バンク 介護福祉士国家試験問題解説 2021』（2020）
- 翔泳社：『福祉教科書 ケアマネジャー完全合格テキスト 2020 年版』（2020）、『福祉教科書 ケアマネジャー完全合格過去問題集 2020 年版』（2019）

その他雑誌等への連載、寄稿も多数

法的根拠でナットク!

帳票別ケアプランの書き方Q&A

2020 年 11 月 20 日　発行

著　者　後藤佳苗

発行者　荘村明彦
発行所　中央法規出版株式会社
　　　　〒 110-0016
　　　　東京都台東区台東 3-29-1 中央法規ビル
　　　　営　　　業　TEL 03-3834-5817
　　　　　　　　　　FAX 03-3837-8037
　　　　取次・書店担当　TEL 03-3834-5815
　　　　　　　　　　FAX 03-3837-8035
　　　　　　　　　　https://www.chuohoki.co.jp/

装幀・本文デザイン　　　株式会社ジャパンマテリアル
印刷・製本　新津印刷株式会社
ISBN 978-4-8058-8213-9